4. Schuljahr

Tinette Wargnier

Fit für Klasse Fünf!

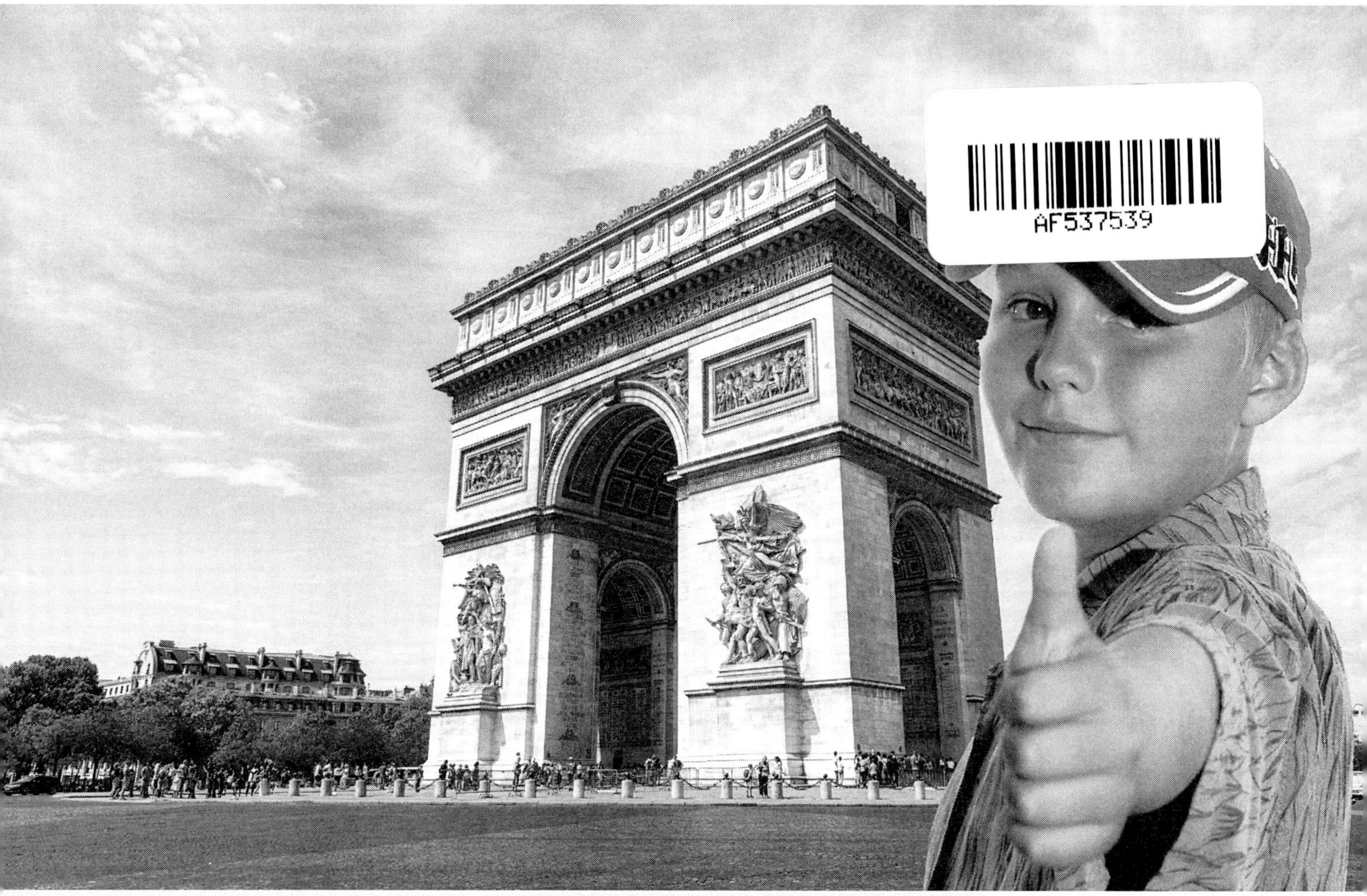

Trainer für den Übertritt in die weiterführende Schule

Französisch

www.kohlverlag.de

Fit für Klasse Fünf!

Französisch

1. Auflage 2022

Inhalt: Tinette Wargnier
Redaktion: Kohl-Verlag
Umschlagbild: © Ainoa, ahriam12 - AdobeStock.com, fotolia.com
Grafik & Satz: Eva-Maria Noack / Kohl-Verlag
Druck: farbo prepress GmbH, Köln

Bestell-Nr. 12 658

ISBN: 978-3-98558-047-7

Unsere Lizenzmodelle

Der vorliegende Band ist eine Print-Einzellizenz

Sie wollen unsere Kopiervorlagen auch digital nutzen? Kein Problem – fast das gesamte KOHL-Sortiment ist auch sofort als PDF-Download erhältlich! Wir haben verschiedene Lizenzmodelle zur Auswahl:

	Print-Version	PDF-Einzellizenz	PDF-Schullizenz	Kombipaket Print & PDF-Einzellizenz	Kombipaket Print & PDF-Schullizenz
Unbefristete Nutzung der Materialien	x	x	x	x	x
Vervielfältigung, Weitergabe und Einsatz der Materialien im eigenen Unterricht	x	x	x	x	x
Nutzung der Materialien durch alle Lehrkräfte des Kollegiums an der lizenzierten Schule			x		x
Einstellen des Materials im Intranet oder Schulserver der Institution			x		x

Die erweiterten Lizenzmodelle zu diesem Titel sind jederzeit im Online-Shop unter www.kohlverlag.de erhältlich.

Inhalt

KOHL VERLAG Fit für Klasse Fünf! - FRANZÖSISCH Trainer für den Übertritt in die weiterführende Schule – Bestell-Nr. 12 658

Vorwort

Liebe Kolleginnen und Kollegen,

das vorliegende Werk bietet einen strukturierten Überblick über die Themen in Französisch in der Grundschule (bzw. im ersten Halbjahr in der Sekundarstufe) und ist daher die ideale Checkliste, um einen reibungslosen, selbstbewussten Start in den Fremdsprachenunterricht an der weiterführenden Schule zu unterstützen.

Jedes Kapitel startet mit einer Übung zum Wortschatz. Die restlichen Aufgaben sind sehr abwechslungsreich gestaltet und bestehen z. B. aus Lückentexten, Zuordnungen, Wortgittern oder Kreuzworträtseln, um nur einige Formate zu nennen.

Kooperatives Lernen kommt anhand eines Domino®-Legepiels nicht zu kurz.

Zahlreiche Sprechsituationen unterstützen das dialogische Sprechen und nehmen dadurch die Scheu, denn je jünger der Lernende, desto unvoreingenommener und ungehemmter stellt er sich diesen kurzweiligen – stets amüsanten – Wortwechseln aus dem Alltag.

Das Werk schließt mit Wissenswertem über unseren Nachbarn Frankreich, was die Schüler zur Internetrecherche oder zum Nachschlagen anregen soll.

Das ansprechende Kompaktwerk kann vielseitig eingesetzt werden: jahrgangsübergreifend zur Wiederholung, in der Nachhilfe, in der Vertretungsstunde, in der AG oder beim häuslichen Üben.

Viel Spaß, Kurzweile und Erfolg mit dem vorliegenden Material wünschen
der Kohl-Verlag und

Tinette Wargnier

Fit für Klasse Fünf! - FRANZÖSISCH
Trainer für den Übertritt in die weiterführende Schule – Bestell-Nr. 12 658
KOHL VERLAG

1 Ma famille et moi

Coche (X) la bonne réponse.

Salut.	
Je m'appelle Amira.	
J'ai 9 ans.	

Salut.	
Je m'appelle Amira.	
J'habite à Strasbourg.	

J'habite à Strasbourg.	
J'ai neuf ans.	
J'ai un chien.	

J'ai un chien.	
J'ai une sœur.	
J'ai neuf ans.	

J'ai un frère.	
J'ai une sœur.	
J'ai deux sœurs.	

J'ai deux frères.	
J'ai un frère.	
J'ai une sœur.	

J'ai neuf ans.	
J'ai dix ans.	
J'ai onze ans.	

J'ai un chien.	
J'ai un chat.	
J'ai un lapin.	

KOHL VERLAG
Fit für Klasse Fünf! - FRANZÖSISCH
Trainer für den Übertritt in die weiterführende Schule – Bestell-Nr. 12 658

1 Ma famille et moi

Qui dit quoi?

«J'ai dix ans.» ____________________

«J'ai une perruche.» ____________________

«J'aime lire.» ____________________

«J'ai deux sœurs.» ____________________

«J'aime le foot.» ____________________

«J'habite à Colmar.» ____________________

«J'ai quatre cobayes.» ____________________

KOHL VERLAG Fit für Klasse Fünf! - FRANZÖSISCH Trainer für den Übertritt in die weiterführende Schule – Bestell-Nr. 12 658

1 Ma famille et moi

Christophe

Jérôme

1 *Écris les phrases complètes.*

1 a / ans / neuf /Jérôme
2 la / Solenne / danse / aime
3 Colmar / habite / à / Christophe
4 quatre / cobayes / Helin / a
5 sœurs / a / Solenne / deux
6 aime/ foot /Jérôme / le

2 *Complète le texte.*

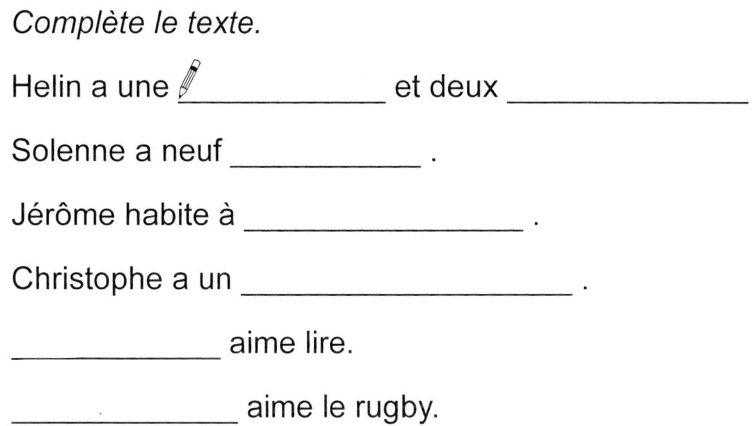

Helin a une ____________ et deux ______________ .

Solenne a neuf ___________ .

Jérôme habite à ________________ .

Christophe a un ___________________ .

____________ aime lire.

_____________ aime le rugby.

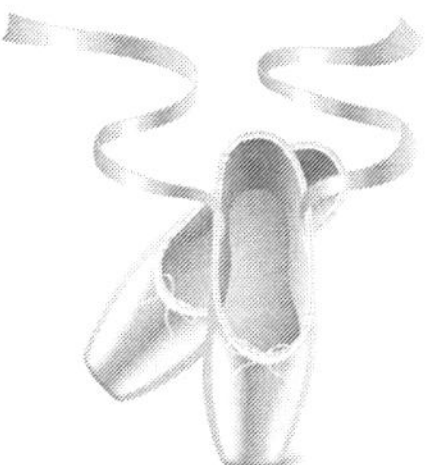

3 *Vrai ou faux? Encercle le symbole correspondant.*

1 Solenne a une sœur et un frère.  

2 Helin a dix ans.  

3 Solenne aime le rugby.  

4 Christophe habite à Colmar.  

5 Helin aime la danse.  

6 Jérôme aime le foot.  

KOHL VERLAG Lernen mit Erfolg
Fit für Klasse Fünf! - FRANZÖSISCH
Trainer für den Übertritt in die weiterführende Schule - Bestell-Nr. 12 658

1 Ma famille et moi

Sarah se présente

Je me présente

KOHL VERLAG
Fit für Klasse Fünf! - FRANZÖSISCH
Trainer für den Übertritt in die weiterführende Schule – Bestell-Nr. 12 658

1 Ma famille et moi

1 *La famille*

l'oncle • le père • la grand-mère (2x) • la tante • le fils • la mère • la fille • le grand-père (2x)

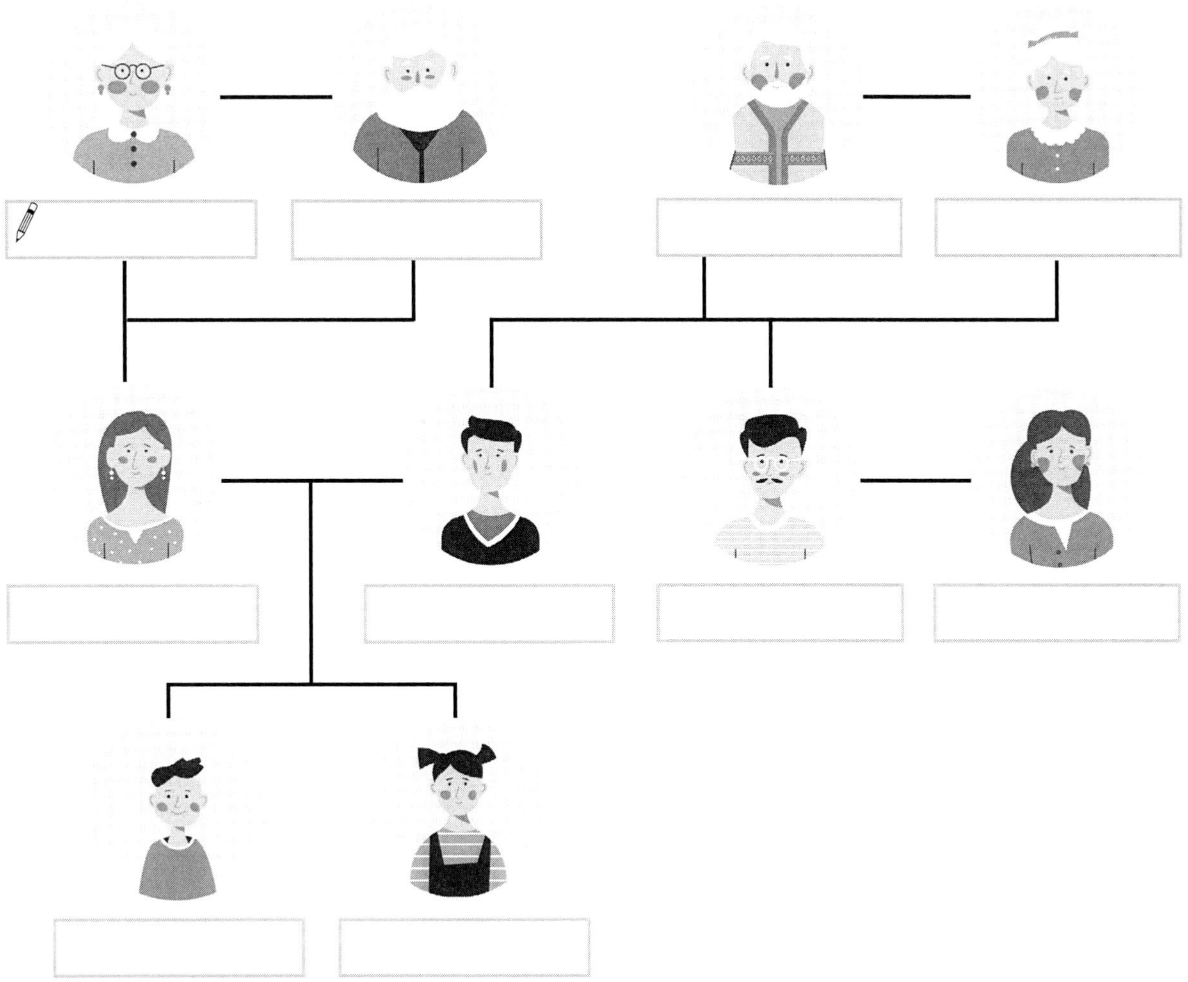

2 *Où habite la famille?*
Trouve les mots. Tu obtiens le nom de la ville.

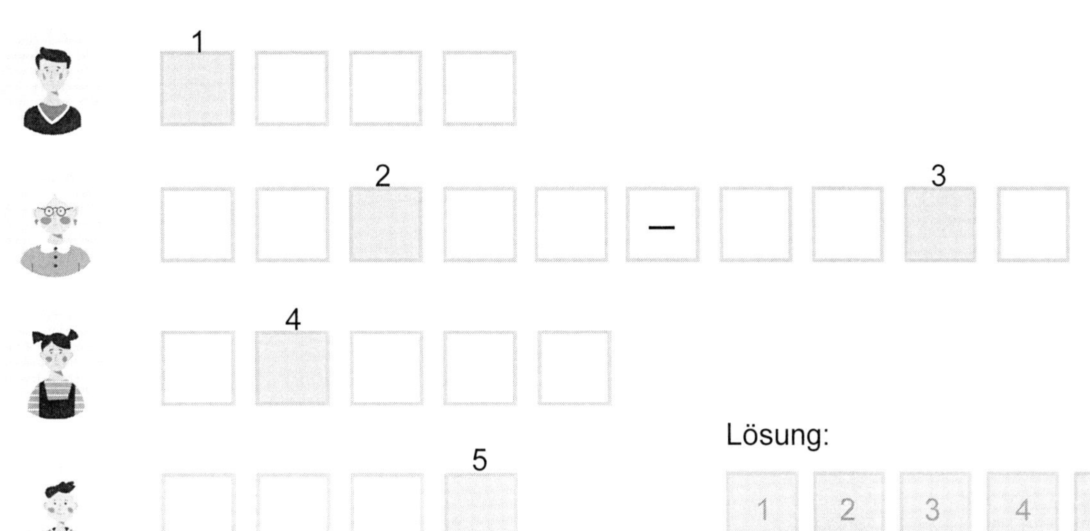

2 Animaux

Trouve le bon nombre.

le zèbre	1	le perroquet	7
le lion	2	le chien	8
le tigre	3	le chat	9
le crocodile	4	le cochon	10
le singe	5	le vache	11
le cobaye	6	le cheval	12

KOHL VERLAG
Fit für Klasse Fünf! - FRANZÖSISCH
Trainer für den Übertritt in die weiterführende Schule - Bestell-Nr. 12 658

2 Animaux

Zoo d'Amnéville
Ouvert: Lun – Dim 10 h – 16 h 30
2000 animaux
Jungle des singes
Nourrissage gorilles 11 h
Nourrissage ours 14 h
Billet 8 euros

1 *Remplis les vides.*

Le zoo ouvre de lundi à dimanche à ____________________.

Il y a ___________ animaux.

Il y a le grand ___________ des singes.

On peut voir le nourrissage des ____________ à 14 heures.

On peut voir le nourrissage des ____________ à 11 heures.

Un billet coûte ____________.

2 *Vrai ou faux? Encercle le symbole correspondant.*

1. À 14 heures, il y a le nourrissage des gorilles. 
2. Un billet coûte huit euros. 
3. Il y a 200 animaux au zoo. 
4. Il y a le grand jungle des girafes. 

KOHL VERLAG Fit für Klasse Fünf! - FRANZÖSISCH Trainer für den Übertritt in die weiterführende Schule - Bestell-Nr. 12 658

1 Animaux

aimer , **adorer**  et **détester** 

	chien	chat	lion	vache
Pierre	♥	♥ ♥	♥	👎
Mohammed	👎	♥	♥ ♥	♥
Romy	♥	👎	👎	♥ ♥
Anne-Sophie	♥ ♥	👎	♥ ♥	👎

1 ***Qui aime quoi?***
Trouve un partenaire. Fais des phrases et dis:

2 ***Et toi?*** *Dessine les symboles. Puis raconte.*

	chien	cochon d'Inde	tigre	cochon
Moi				

«J'aime/j'adore/je déteste … »

1 Animaux

Qu'est-ce qu'ils mangent?  ***Qu'est-ce qu'ils ne mangent pas?*** 

melon

L'éléphant __ne__ mange __pas__ un melon.

Il mange trois melons.

melon

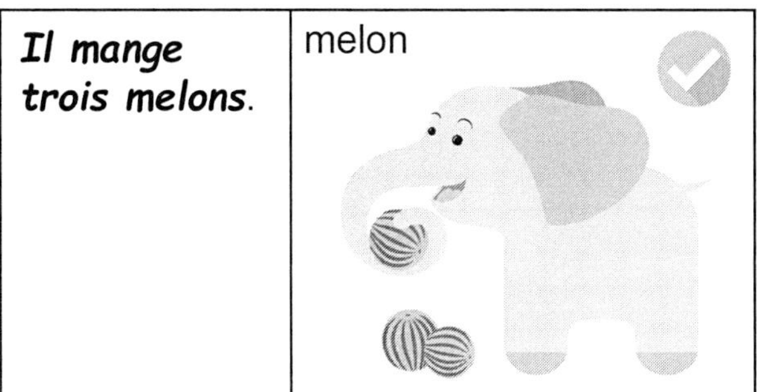

banane

Le singe

Il

banane

carotte

Le lapin

carotte

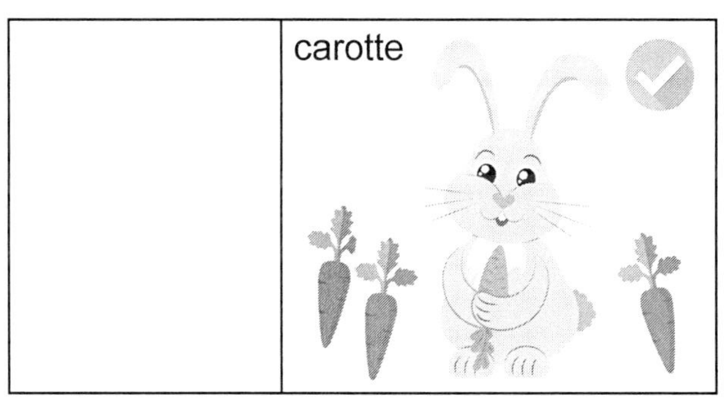

pomme

Le cheval

pomme

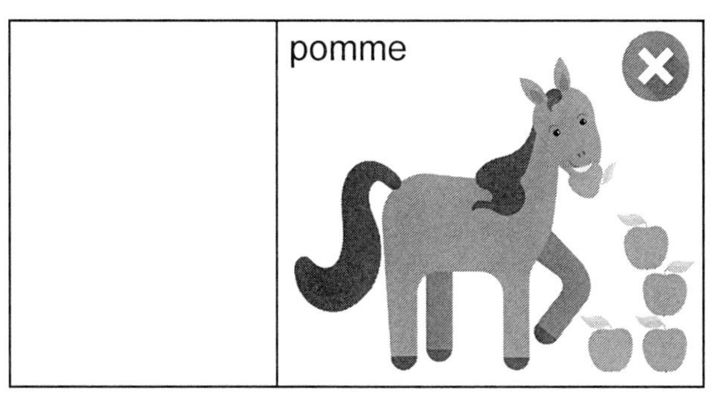

Fit für Klasse Fünf! - FRANZÖSISCH
Trainer für den Übertritt in die weiterführende Schule – Bestell-Nr. 12 658
KOHL VERLAG

3 Sports et activités

Trouve le bon nombre.

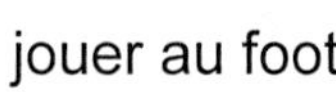

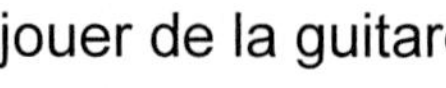

jouer au foot	1	jouer de la guitare	7
faire du vélo	2	jouer de la flûte	8
jardiner	3	faire du camping	9
faire du skate	4	chanter	10
faire du ski	5	faire de la danse	11
jouer au tennis de table	6	jouer aux cartes	12

KOHL VERLAG
Fit für Klasse Fünf! - FRANZÖSISCH
Trainer für den Übertritt in die weiterführende Schule - Bestell-Nr. 12 658

3 Sports et activités

la pêche • faire du cheval • jouer du piano • jouer du théâtre • ~~jouer de la guitare~~ • lire • chanter • ~~nager~~ • ~~faire de la danse~~ • jouer au foot • ~~les jeux vidéo~~ • faire du vélo

Clarisse ____

____

____

____

Henri ____

____

____

____

KOHL VERLAG Fit für Klasse Fünf! - FRANZÖSISCH Trainer für den Übertritt in die weiterführende Schule – Bestell-Nr. 12 658

3 Sports et activités

1 *Écris les noms des enfants sous les images.*

Rosalie écoute de la musique.
Élodie aime le cuisson.
Noël joue du saxophone.
Malie aime jouer au foot.
Lianne lit les livres *Harry Potter*.
Adrien fait du skate au skatepark.

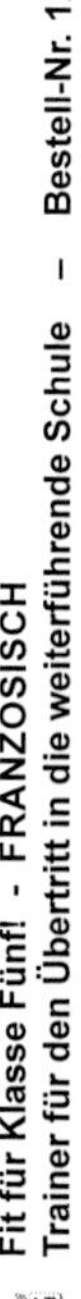

3 Sports et activités

1 *Remplis les vides.*

neuf • garçons • mère • timbres • judo • babyfoot • ans • frère • sœur

Marcel et Éric font du ________________ .
Éric est le ________________ de Marcel.
Les deux ________________ aiment le sport.

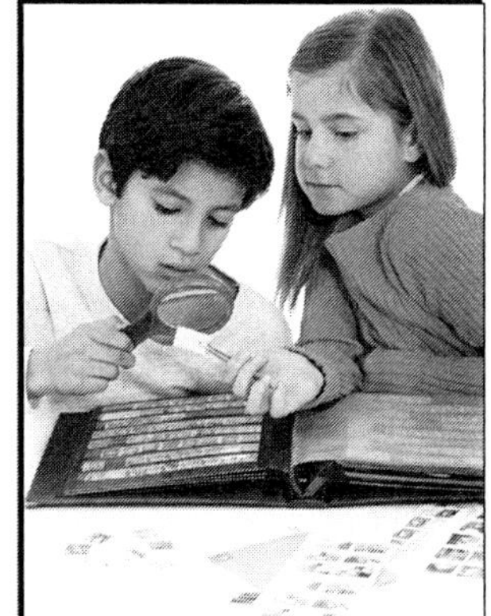

Victor et Mathilde collectionnent les ________________ . Mathilde est la ________________ de Victor. Elle a neuf ________________ .

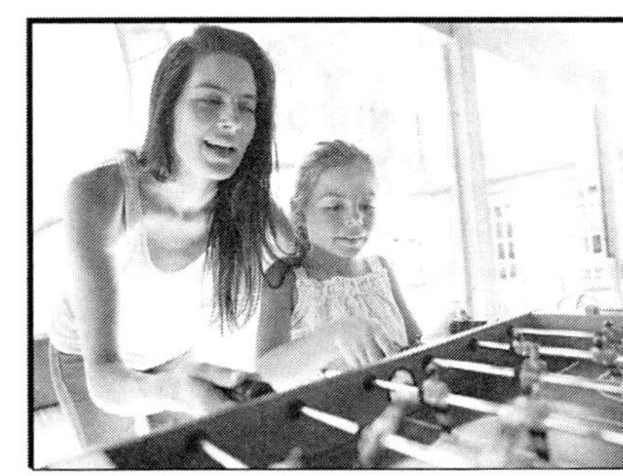

Tinette et sa ________________ jouent au ________________ . Tinette a ____________ ans.

2 *Trouve le bon ordre et écris les phrases correctes.*

1 du / fait / cheval. / Jérémy

____

2 Anna / danse. / de / fait / la

____

3 joue / flûte. / de / Claude / la

____

4 du / fait / Mustafa / vélo.

____

5 volley. / Erva / au / joue

____

KOHL VERLAG Fit für Klasse Fünf! - FRANZÖSISCH Trainer für den Übertritt in die weiterführende Schule – Bestell-Nr. 12 658

3 Sports et activités

1 *Quelles activités aiment-ils?*
Remplis les vides. Apprends ce que Marthe aime faire pendant les vacances avec son père.

aller au cinéma • faire du vélo • lire • jouer de la guitare • nager • jouer du piano

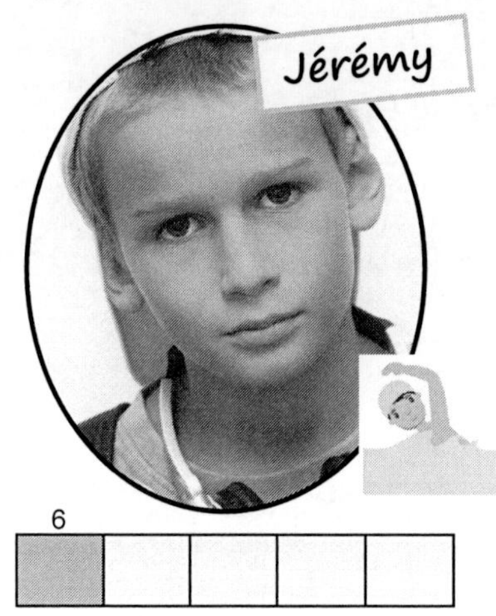

6

1

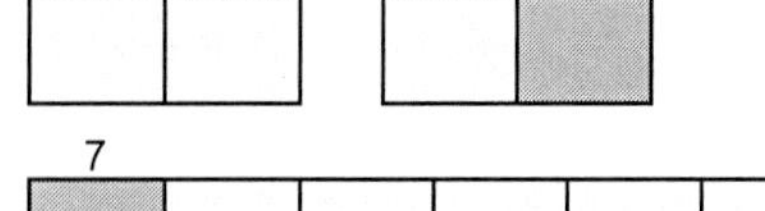

2

7

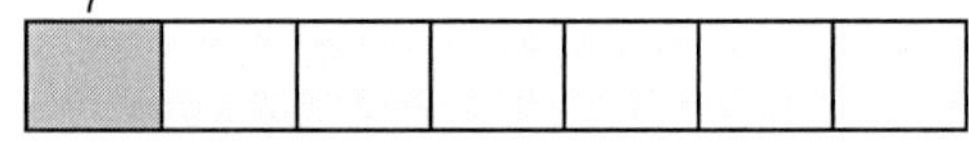

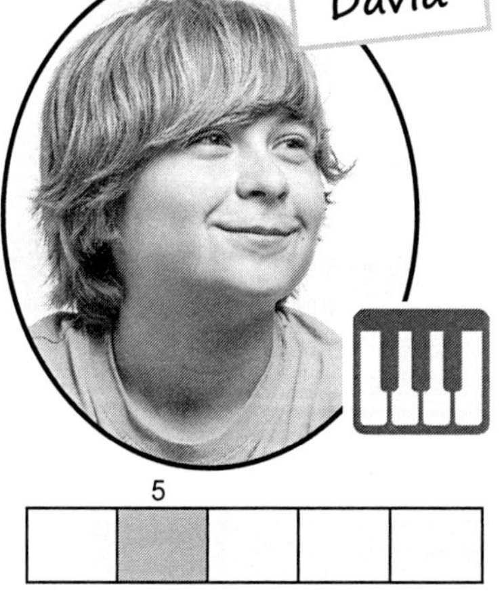

5

9

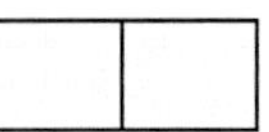

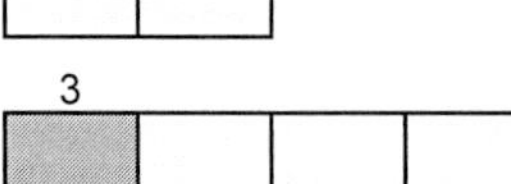

8

3

4

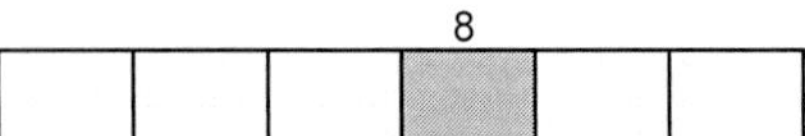

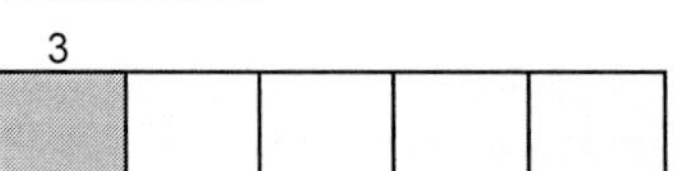

Solution:

1	2		3	4	5	6	7	8	9

Fit für Klasse Fünf! - FRANZÖSISCH Trainer für den Übertritt in die weiterführende Schule – Bestell-Nr. 12 658
KOHL VERLAG

4 À l'école

Coche (X) la bonne réponse.

la salle de classe	
la cour	
la cantine	

la table	
la fenêtre	
le tableau	

la colle	
la trousse	
la gomme	

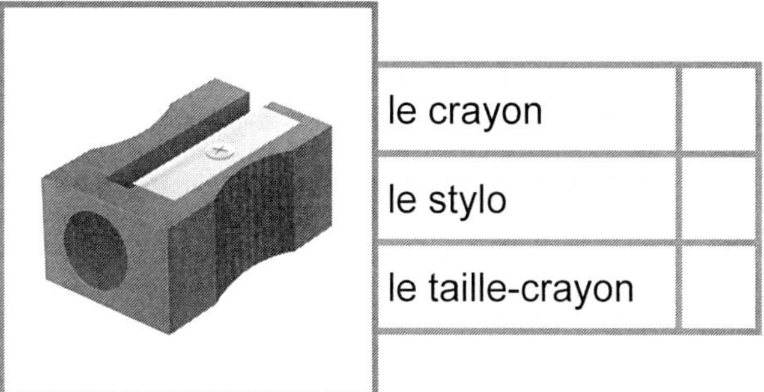

le crayon	
le stylo	
le taille-crayon	

le cahier	
la colle	
la cantine	

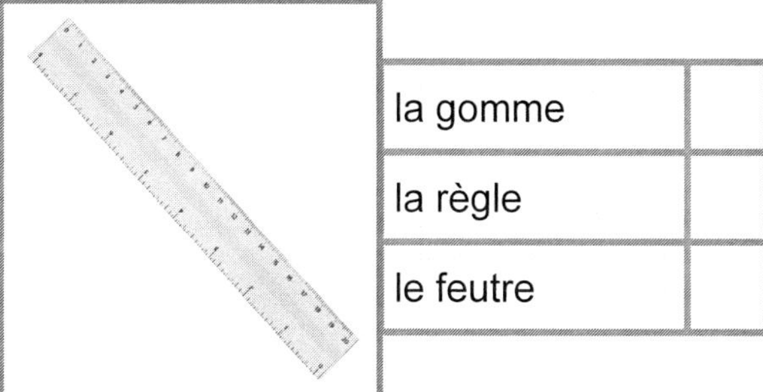

la gomme	
la règle	
le feutre	

le directeur	
le professeur	
la cantine	

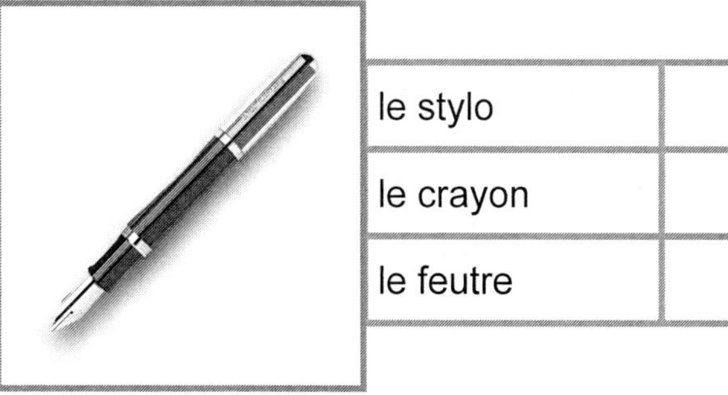

le stylo	
le crayon	
le feutre	

KOHL VERLAG Lernen mit Erfolg
Fit für Klasse Fünf! - FRANZÖSISCH
Trainer für den Übertritt in die weiterführende Schule – Bestell-Nr. 12 658

4 À l'école

C'est le stylo de qui?

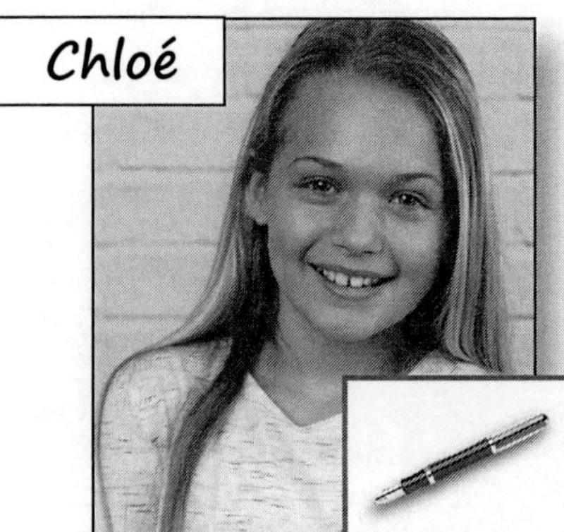

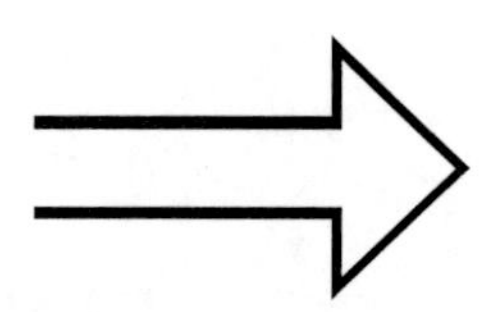

Chloé a un stylo. C'est le stylo de Marie.

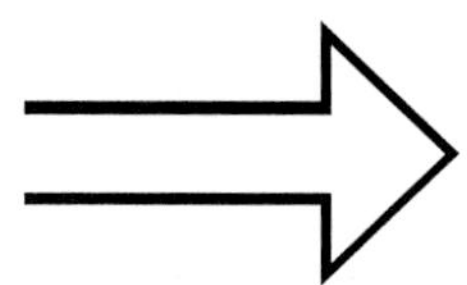

Paul

Marie

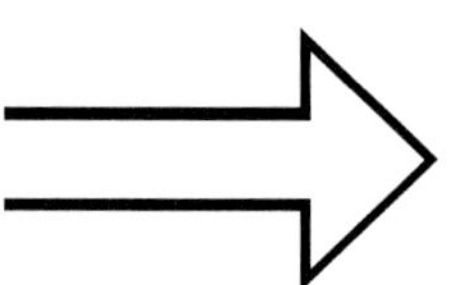

Paul

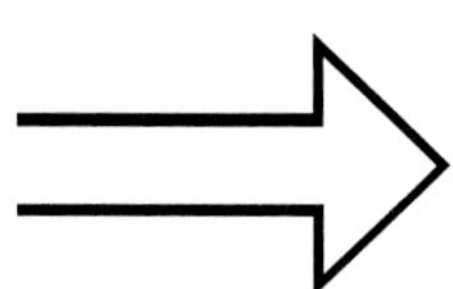

Mahdia

KOHL VERLAG
Fit für Klasse Fünf! - FRANZÖSISCH
Trainer für den Übertritt in die weiterführende Schule – Bestell-Nr. 12 658

4 À l'école

L'emploi du temps de Noémi

	Lundi	Mardi	Jeudi	Vendredi
8h30 – 8h45	responsabilités	vie de classe	responsabilités	vie de classe
8h45 – 10h	Maths	Maths	Maths	Maths
10h – 10h15	récré	récré	récré	récré
10h15 – 11h30		Français Arts	Français	Français
11h30 – 13h30	déjeuner			
13h30 – 15h	Français 	Français 	Français 	Sciences/ technologie
15h – 15h15	récré			
15h15 – 16h15	Histoire	Langue vivante	Sciences/technologie Instruction civique et morale	
16h15 – 16h30	copie des devoirs			

1 Noémi explique son emploi de temps à sa petite sœur Joëlle.

Complète l'emploi du temps.

« Le français, c'est tous les jours à 10h15.
L'informatique, c'est mardi.
La géographie, c'est vendredi.
La musique, c'est jeudi.
Le sport, c'est lundi et vendredi.
Il y a une récré à 10h et à 15h. »

Fit für Klasse Fünf! - FRANZÖSISCH
Trainer für den Übertritt in die weiterführende Schule - Bestell-Nr. 12 658
KOHL VERLAG

4 À l'école

1 *Trouve les paires franco-allemandes.*

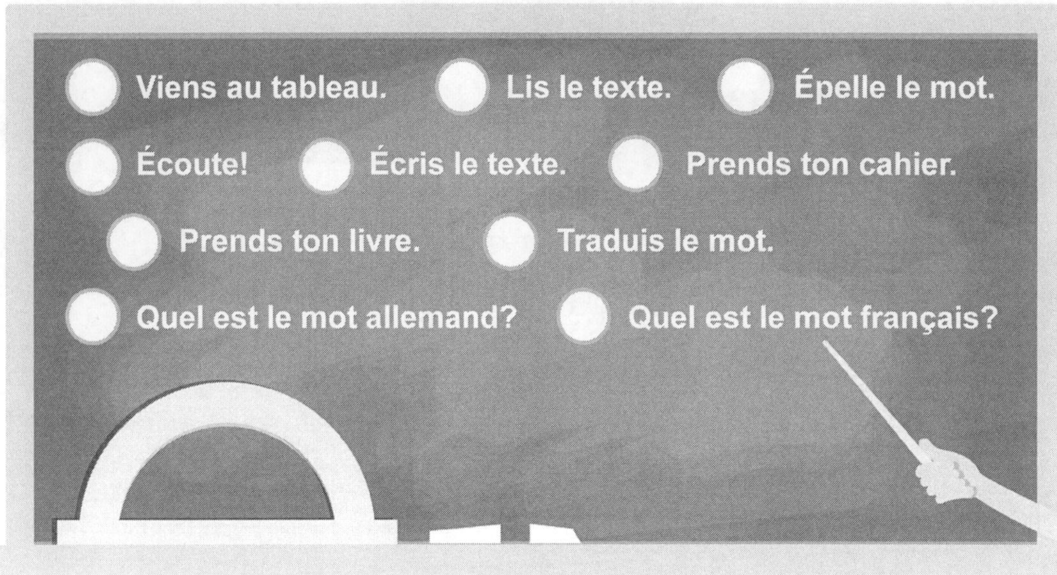

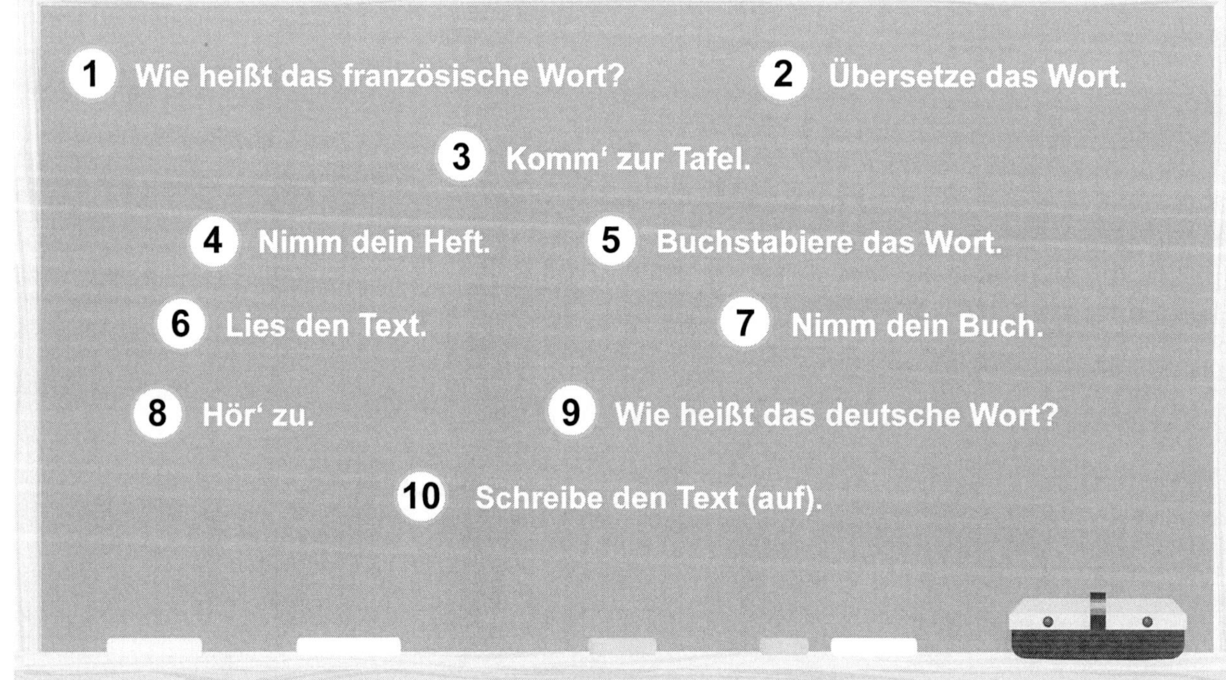

KOHL VERLAG Fit für Klasse Fünf! - FRANZÖSISCH Trainer für den Übertritt in die weiterführende Schule - Bestell-Nr. 12 658

4 À l'école

1 ***Maintenant, c'est à toi.*** *Qu'est-ce que tu dis?*

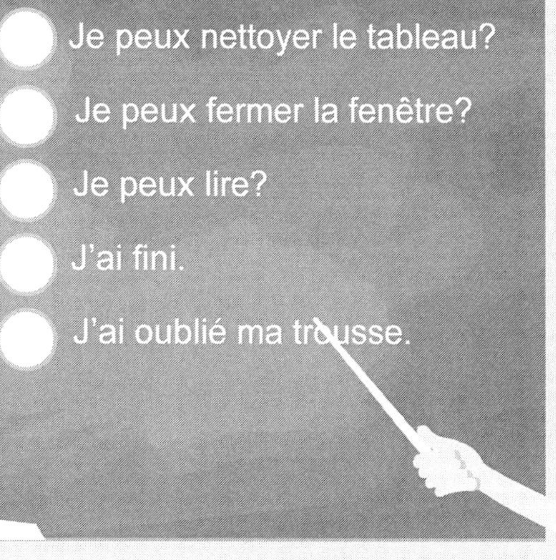

- ◯ Je peux aller aux toilettes?
- ◯ Je peux ouvrir la fenêtre?
- ◯ Je peux écrire au tableau?
- ◯ J'ai fait mes devoirs.
- ◯ J'ai oublié mes devoirs.
- ◯ Je peux nettoyer le tableau?
- ◯ Je peux fermer la fenêtre?
- ◯ Je peux lire?
- ◯ J'ai fini.
- ◯ J'ai oublié ma trousse.

1. Ich habe mein Mäppchen vergessen.
2. Darf ich das Fenster schließen?
3. Darf ich zur Toilette gehen?
4. Ich habe meine Hausaufgaben gemacht.
5. Ich bin fertig.
6. Darf ich das Fenster öffnen?
7. Darf ich (vor)lesen?
8. Darf ich an die Tafel schreiben?
9. Darf ich die Tafel putzen?
10. Ich habe meine Hausaufgaben vergessen.

Fit für Klasse Fünf! - FRANZÖSISCH
Trainer für den Übertritt in die weiterführende Schule – Bestell-Nr. 12 658
KOHL VERLAG

5 La maison

Coche (X) la bonne réponse.

la chambre des parents	
le jardin	
les escaliers	

la salle de bains	
la salle de séjour	
la chambre des enfants	

le toit	
le jardin	
le garage	

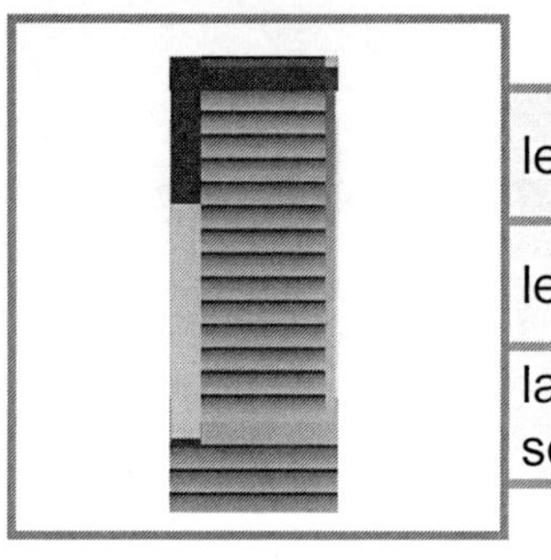

le toit	
les escaliers	
la salle de séjour	

la chambre des enfants	
la chambre des parents	
la cuisine	

la salle de séjour	
la cuisine	
le toit	

la salle de bains	
la salle de séjour	
la cuisine	

la cuisine	
la salle de bains	
la salle de séjour	

Fit für Klasse Fünf! - FRANZÖSISCH
Trainer für den Übertritt in die weiterführende Schule – Bestell-Nr. 12 658
KOHL VERLAG

5 La maison

Trouve le bon nombre.

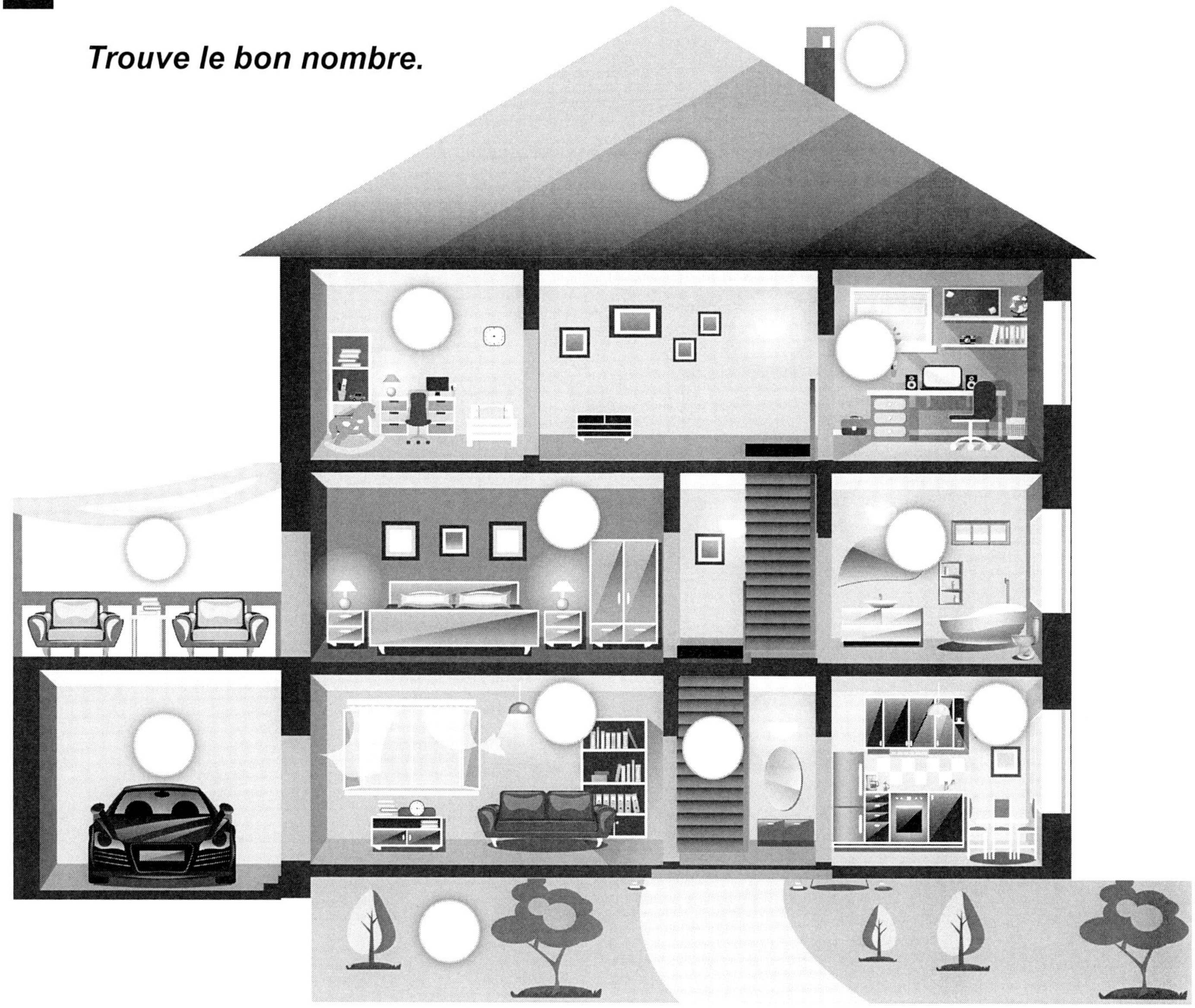

la cheminée	1	la salle de séjour	7
le toit	2	le garage	8
la salle be bains	3	le balcon	9
la cuisine	4	le chambre des enfants	10
les escaliers	5	le chambre des parents	11
le jardin	6		

Fit für Klasse Fünf! - FRANZÖSISCH
Trainer für den Übertritt in die weiterführende Schule – Bestell-Nr. 12 658
KOHL VERLAG

5 La maison

Les prépositions – Dans la chambre de Florence

1 **sous / sur (2x) / derrière / devant**

L'ours est ______________ l'étagère.

______________ est ____________ le lit.

_____________ est ____________ le bureau.

Le dé est __________ le lit.

La raquette est _______________ le lit.

Fit für Klasse Fünf! - FRANZÖSISCH
Trainer für den Übertritt in die weiterführende Schule - Bestell-Nr. 12 658
KOHL VERLAG

5 La maison

1 **le lit / l'étagère (2x) / la fenêtre / le tapis**

L'étagère est à côté de ________________ .

Le bus est sur ________________.

La chaussette est sous ________________.

Le ballon est sur ________________________ .

Le poster est sous ______________________ .

2 est / sont

Les chaussettes ________________ sur le tapis.

Le chocolat ___________________ sur le bureau.

Les ours ______________________ sur l'étagère.

KOHL VERLAG
Fit für Klasse Fünf! - FRANZÖSISCH
Trainer für den Übertritt in die weiterführende Schule – Bestell-Nr. 12 658

5 La maison

1 *Dessine selon le texte.*

La chaussette est sous l'armoire.

La chaise est devant le lit.

Le chat est sur la table.

2 ***Est** ou **sont**? Dessine et écris.*

Les chaussettes
____________ sur
le canapé.

La lampe
____________ dans
le carton.

Les deux chiens
____
devant la porte.

KOHL VERLAG Fit für Klasse Fünf! - FRANZÖSISCH Trainer für den Übertritt in die weiterführende Schule - Bestell-Nr. 12 658

6 Les couleurs

Trouve le bon nombre.

blanc	1	rose	7
gris	2	lilas	8
jaune	3	bleu	9
orange	4	vert	10
rouge	5	marron	11
violet	6	noir	12

Fit für Klasse Fünf! - FRANZÖSISCH
Trainer für den Übertritt in die weiterführende Schule - Bestell-Nr. 12 658

6 Les couleurs

Max
Amélie
Ivanka
Jackson
Oscar
Darcy
Anne
Juanita
Marit
Aisun

Amélie a des cheveux blonds. Elle porte une robe violette et des chaussures lilas. **Max** a des cheveux marron. Il porte un t-shirt vert et un short bleu. Ses chaussures sont noires. **Ivanka** a des cheveux noirs. Elle porte une robe lilas et des chaussures vertes. **Oscar** a des cheveux noirs. Il porte un t-shirt rouge et un short orange. **Anne** a des cheveux marron. Son t-shirt est jaune et sa jupe est rose. Ses chaussures sont rouges. **Marit** a des cheveux blonds. Elle porte une robe rouge et des bottes grises. Les cheveux d' **Aisun** sont noirs. Il porte un shirt orange et un pantalon vert. Ses chaussures sont bleues. **Juanita** a des cheveux marron. Son pull est violet et son pantalon est lilas. Elle a des chaussures jaunes. **Darcy** a des cheveux rouges. Sa robe est verte et ses chaussures sont jaunes. **Jackson** a des cheveux marron. Il porte un t-shirt bleu et un jean noir. Ses chaussures sont orange.

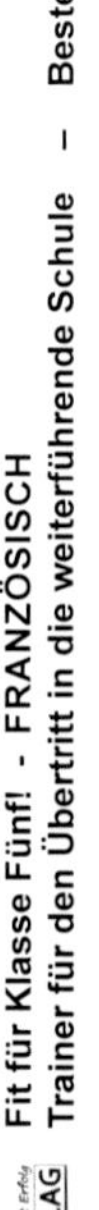
Fit für Klasse Fünf! - FRANZÖSISCH
Trainer für den Übertritt in die weiterführende Schule - Bestell-Nr. 12 658

6 Les couleurs

L'accord de l'adjectif

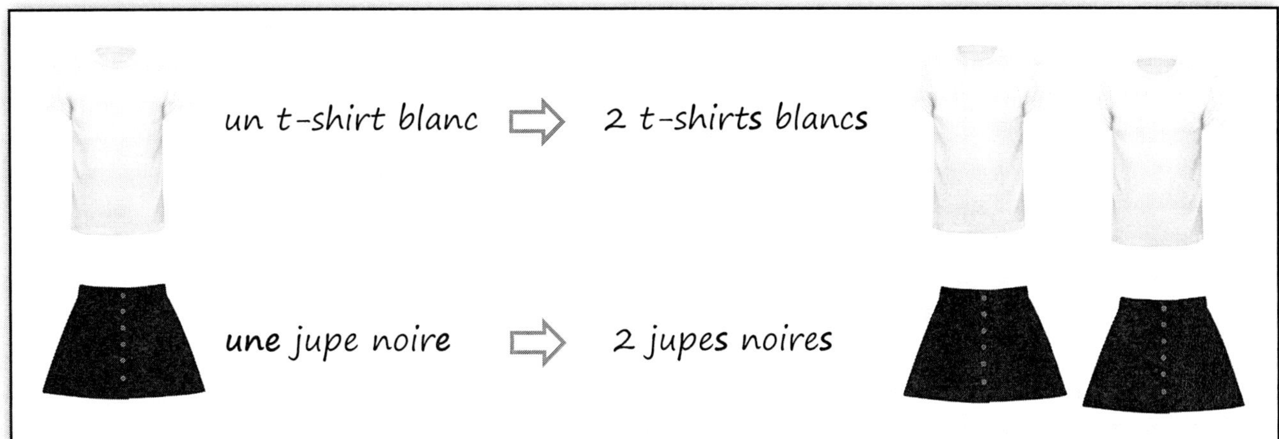

un pull jaune

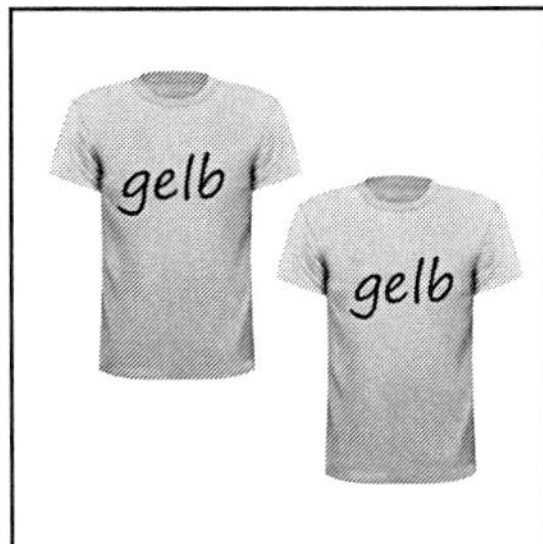

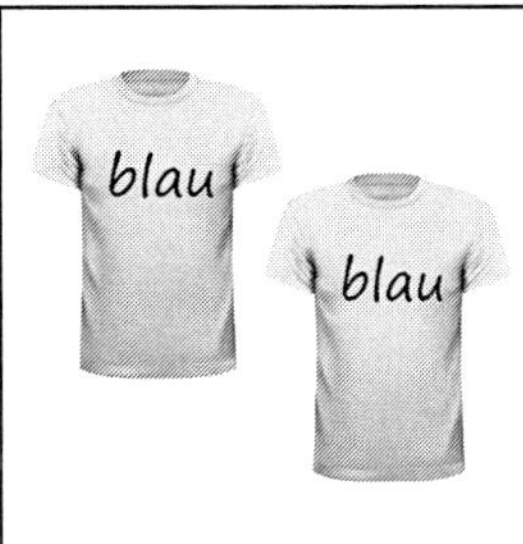

grün

un chausette
verte

rot

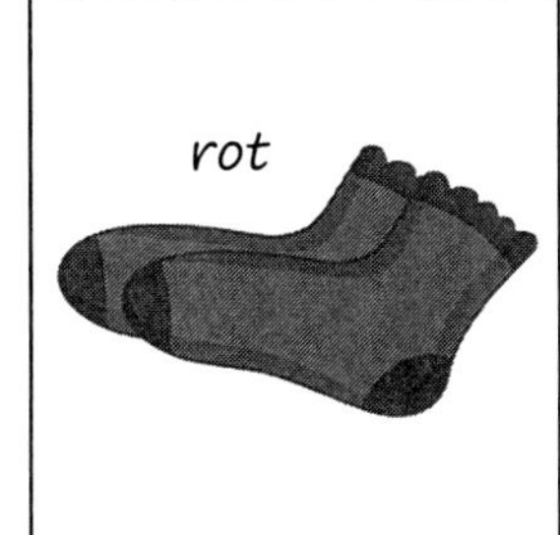

Fit für Klasse Fünf! - FRANZÖSISCH
Trainer für den Übertritt in die weiterführende Schule – Bestell-Nr. 12 658
KOHL VERLAG

6 Les couleurs

Quelle est ta couleur préférée?

 **1** *Jouez le dialogue.*

Quelle est ta couleur préférée?

Ma couleur préférée est le rouge.

 **2** *Jouez le dialogue.*

Tu aimes quelles couleurs?

J’aime le rose, le marron et le bleu.

bleu • rouge • jaune • vert • rose • violet • lilas • marron • blanc • noir • gris • orange

KOHL VERLAG
Fit für Klasse Fünf! - FRANZÖSISCH
Trainer für den Übertritt in die weiterführende Schule – Bestell-Nr. 12 658

7 Les vêtements

Coche (X) la bonne réponse.

le pullover	
la veste	
le manteau	

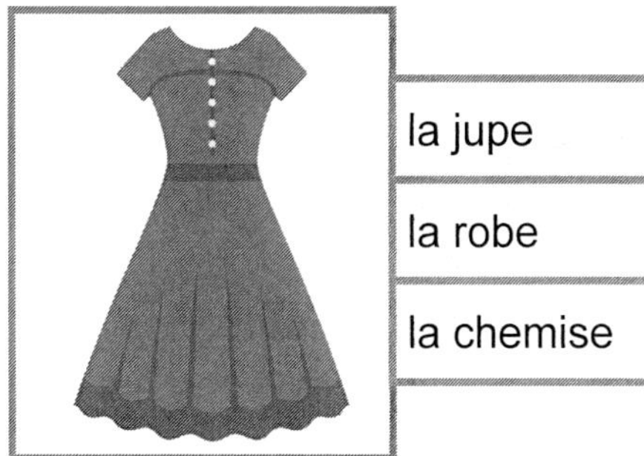

la jupe	
la robe	
la chemise	

le blouson	
le manteau	
le pullover	

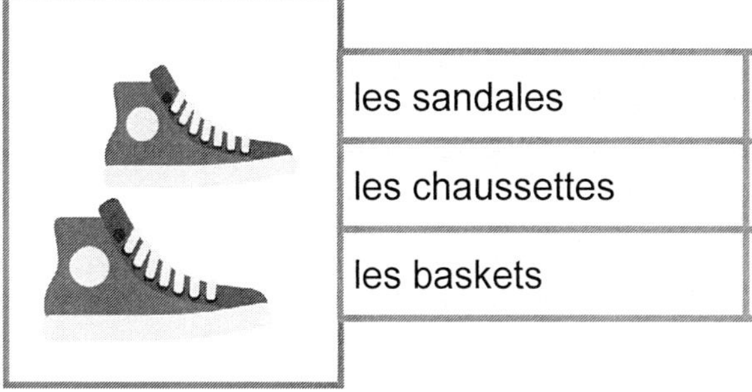

les sandales	
les chaussettes	
les baskets	

la jupe	
la ceinture	
le chemisier	

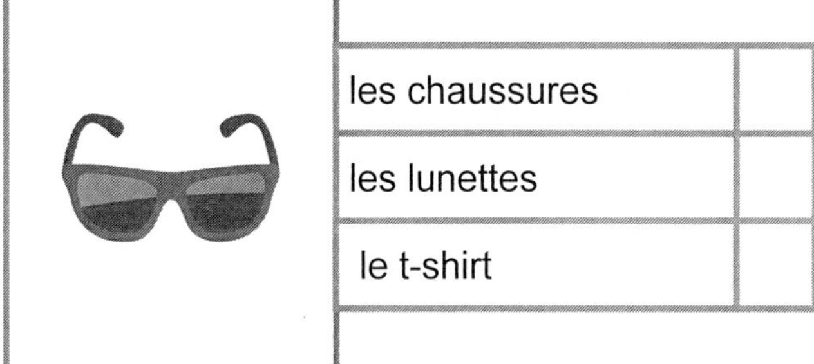

les chaussures	
les lunettes	
le t-shirt	

la chemise	
le gant	
l'imperméable	

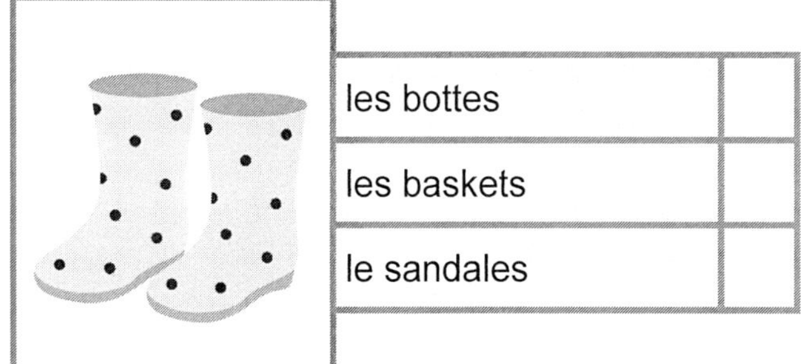

les bottes	
les baskets	
le sandales	

Fit für Klasse Fünf! - FRANZÖSISCH
Trainer für den Übertritt in die weiterführende Schule – Bestell-Nr. 12 658
KOHL VERLAG

7 Les vêtements

le manteau	1	la chemise	6
le bonnet	2	le maillot de bain	7
la casquette	3	l'écharpe	8
les gants	4	le short	9
les chaussettes	5	le jean	10

7 Les vêtements

C'est de qui?

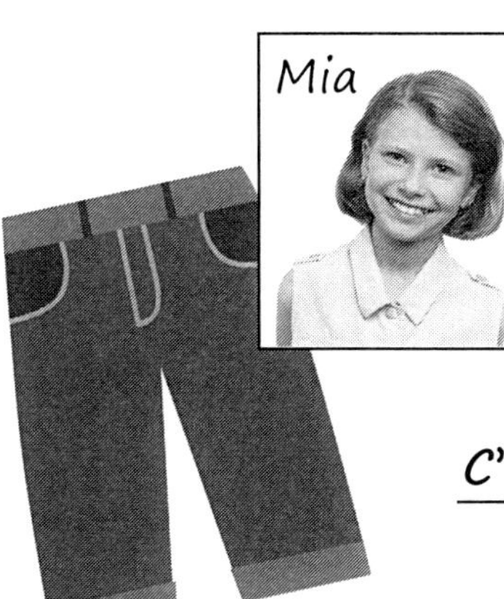

Le singulier

C'est un jean. C'est le jean de Mia.

veste – casquette – bonnet – ~~jean~~

____

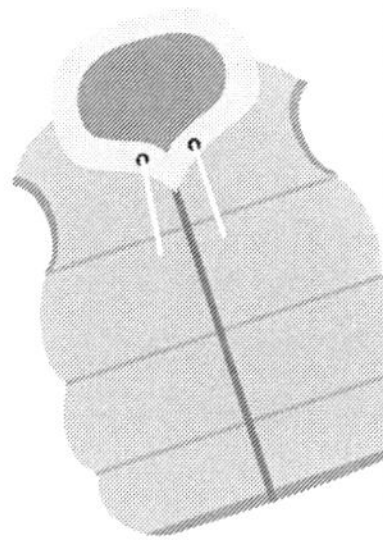

____

____

Le puriel

chaussettes

*Ce **sont** des chaussettes. Ce **sont** les chaussettes …*

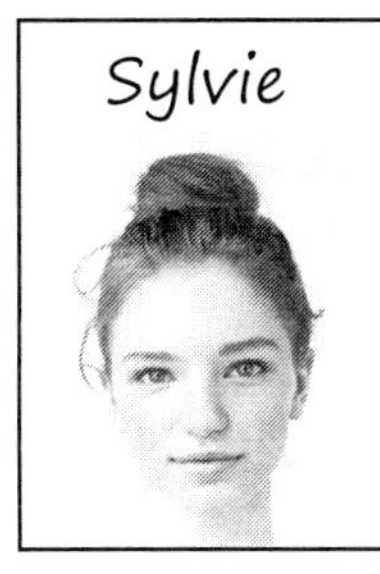

____

KOHL VERLAG Fit für Klasse Fünf! - FRANZÖSISCH Trainer für den Übertritt in die weiterführende Schule – Bestell-Nr. 12 658

7 Les vêtements

C'est le chapeau de qui?

1 *Trouve les mots.*

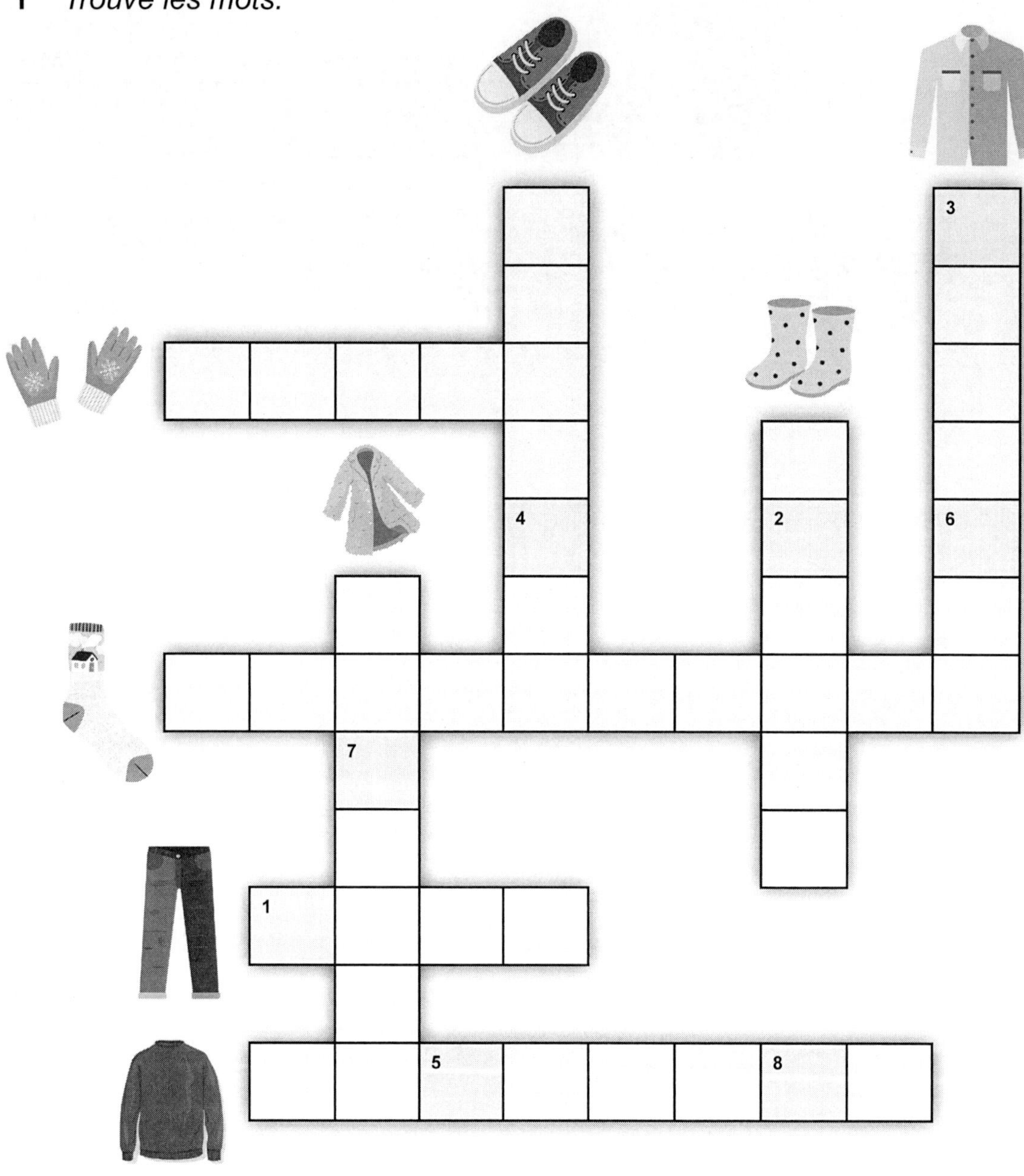

C'est le chapeau de

1	2	3	4	5	6	7	8

KOHL VERLAG Lernen mit Erfolg
Fit für Klasse Fünf! - FRANZÖSISCH
Trainer für den Übertritt in die weiterführende Schule - Bestell-Nr. 12 658

7 Les vêtements

1 *Trouve les mots.*

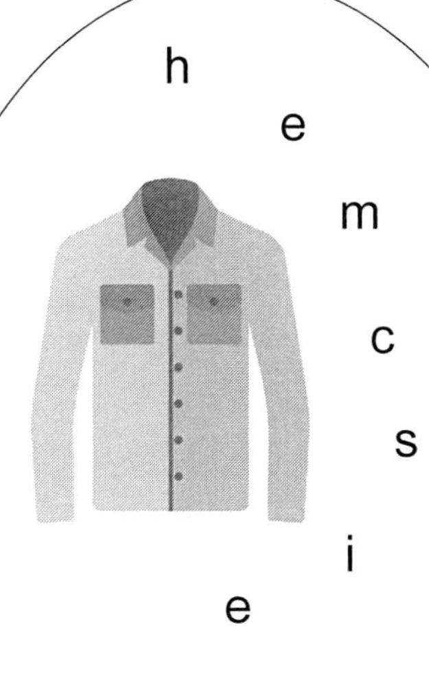

h e m c s i e

____

e v s e t

____

k b s a t s e

____

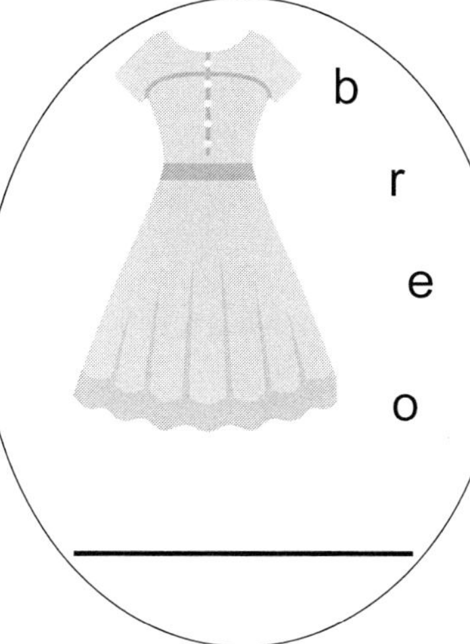

b r e o

____

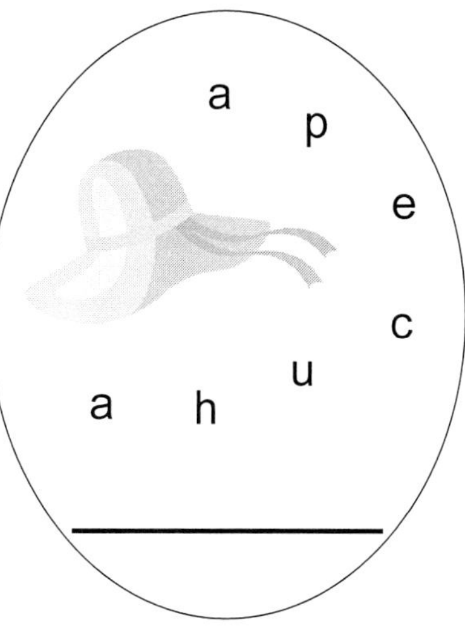

a p e c u h a

____

2 ***Qui est-ce?***
Décris un de tes camarades à ta classe. Qu'est-ce qu'il/elle porte?

un pantalon • un jean • un t-shirt • un sweat • un pullover • des chaussures • des chaussettes • une casquette

vert/verte • rouge • marron • bleu/e • jaune • violet/violette • noir/e • orange • gris/grise • blanc/blanche ...

8 Les aliments

Trouve le bon nombre.

la carotte	1	la poire	8
l'oignon	2	le citron	9
le concombre	3	le maïs	10
le champignon	4	la fraise	11
le pois	5	la prune	12
le raisin	6	la salade	13
la pomme	7	la cerise	14

KOHL VERLAG Fit für Klasse Fünf! - FRANZÖSISCH Trainer für den Übertritt in die weiterführende Schule – Bestell-Nr. 12 658

8 Les aliments

1 Mots croisés

Trouve les mots. Tu obtiens le nom du gentil marchand.

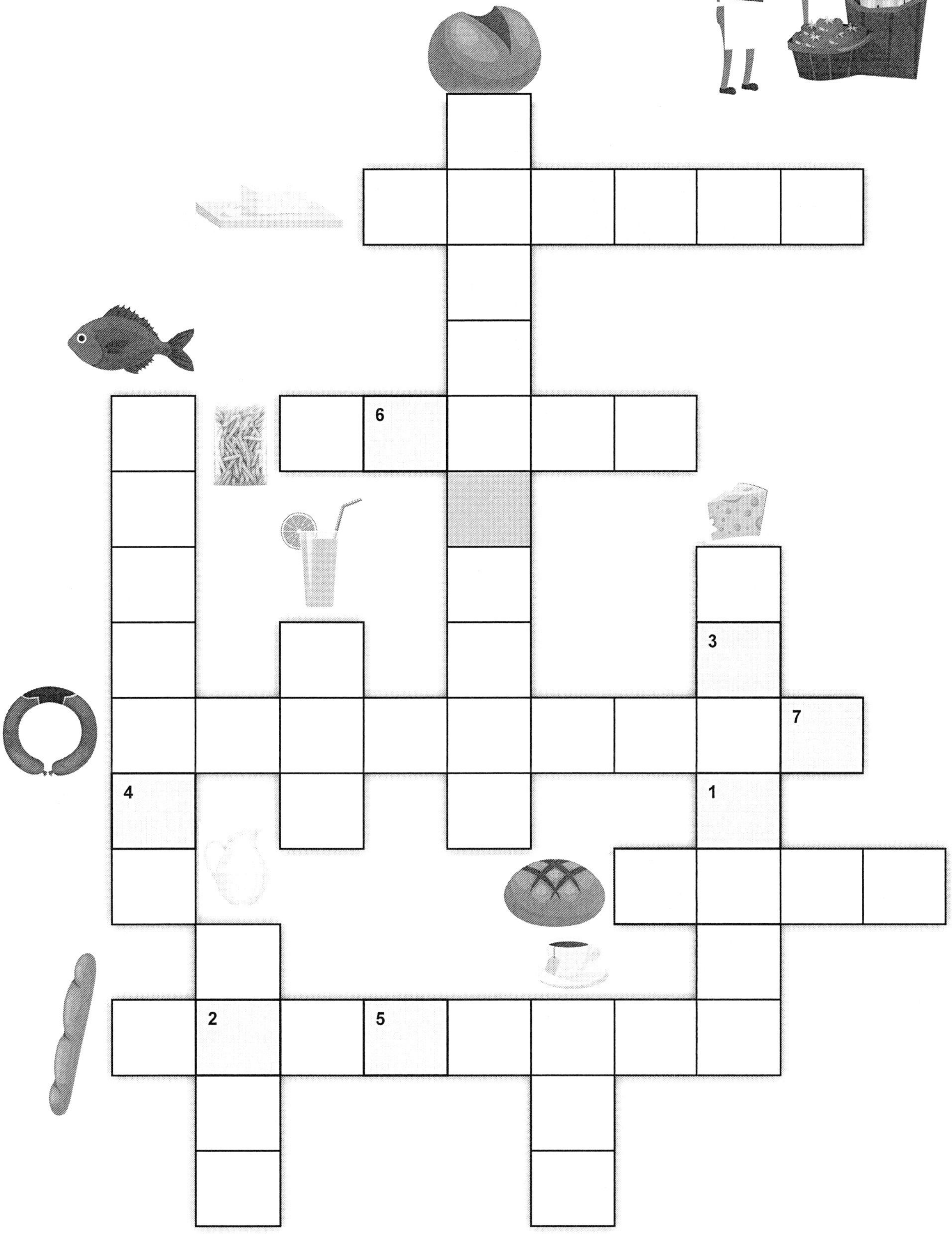

6

3

7

4

1

2

5

Monsieur

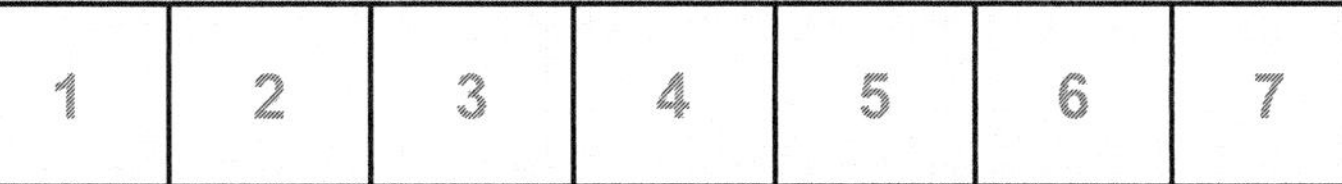

KOHL VERLAG
Fit für Klasse Fünf! - FRANZÖSISCH
Trainer für den Übertritt in die weiterführende Schule – Bestell-Nr. 12 658

8 Les aliments

Jouez le dialogue.

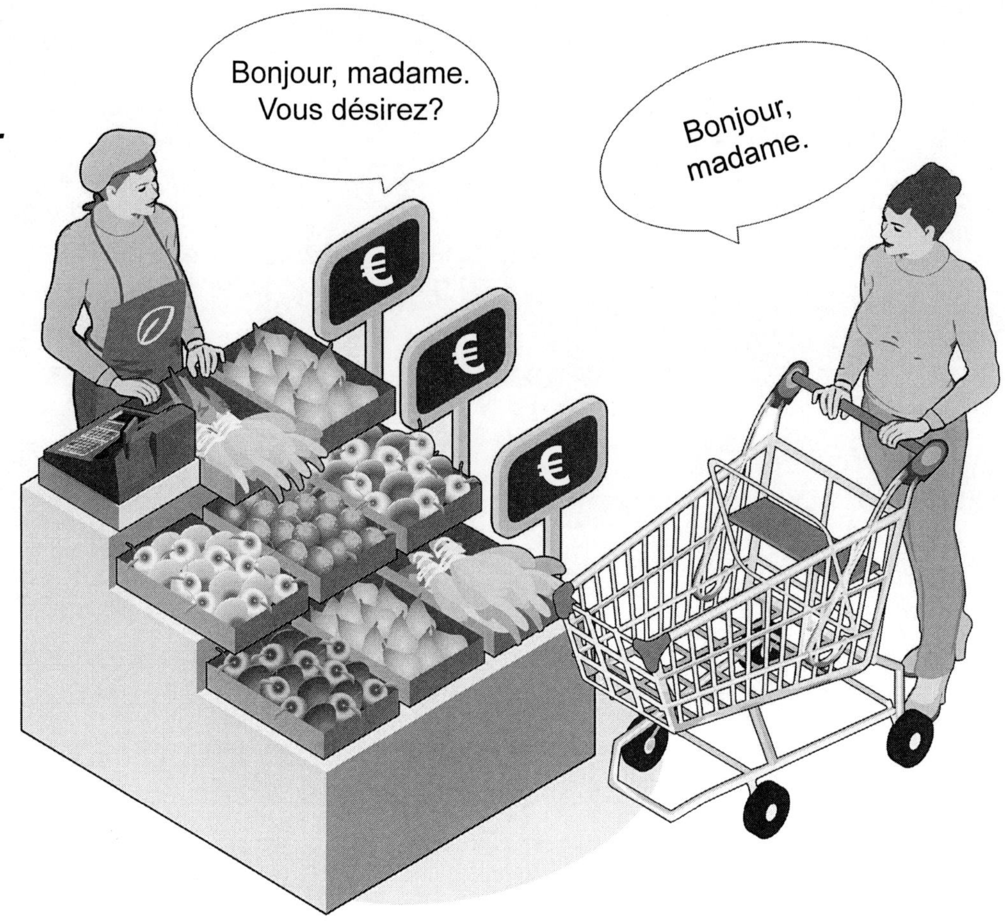

1 Dialogue
Remplis le vide. Jouez le dialogue.

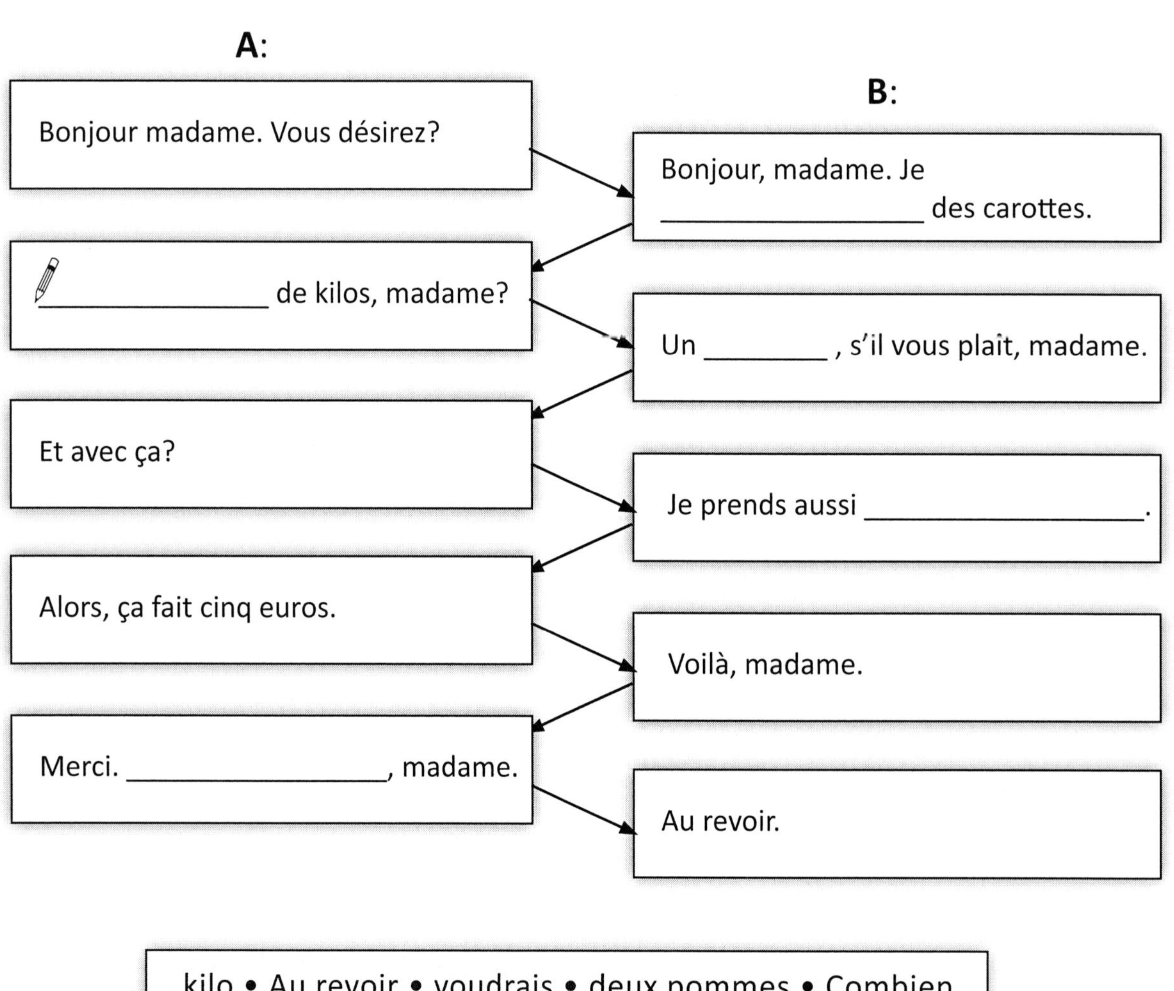

kilo • Au revoir • voudrais • deux pommes • Combien

KOHL VERLAG
Fit für Klasse Fünf! - FRANZÖSISCH
Trainer für den Übertritt in die weiterführende Schule – Bestell-Nr. 12 658

8 Les aliments

1 *Qu'est-ce que tu aimes? (X) Qu'est-ce que tu n'aimes pas? (X) Dis-le avec les smileys.*

J'aime le broccoli mais je n'aime pas la pizza. J'aime ______________________

____

____

____

____

2 *Demande à tes camarades de classe: « Qu'est-ce que tu aimes? Qu'est-ce que tu n'aimes pas? »*

/nom						
Éric						

Exemple: **Éric aime les spaghettis. Il n'aime pas ...** ______________________

____

____

____

____

____

9 Le temps

Trouve le bon nombre.

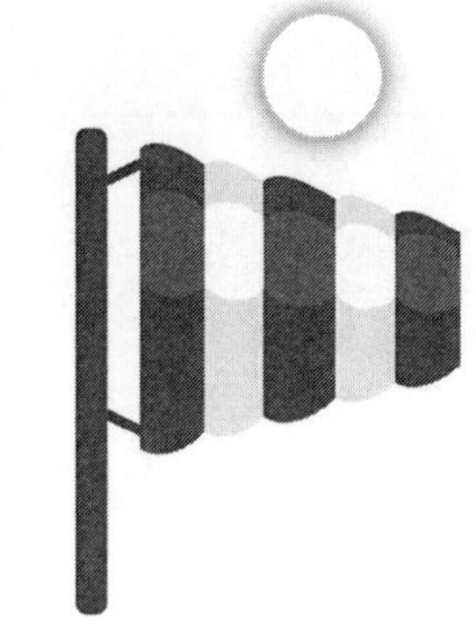

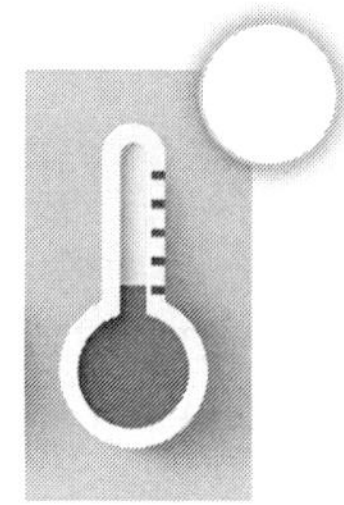

Il y a du soleil.	1	Il pleut.	5
Il fait chaud.	2	Il y a des nuages.	6
Il fait froid.	3	Il y a un orage.	7
Il neige.	4	Il y a du vent.	8

KOHL VERLAG Fit für Klasse Fünf! - FRANZÖSISCH Trainer für den Übertritt in die weiterführende Schule – Bestell-Nr. 12 658

9 Le temps

Il y a du ______________________ .

Il ___________________.

Il y a des ______________________________.

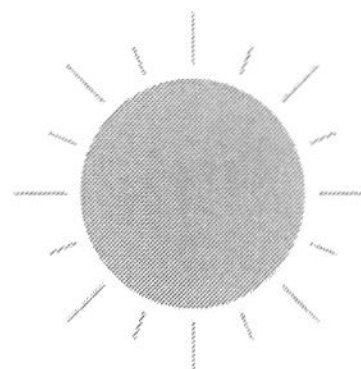

Il y a du ____________________________.

Il _______________________.

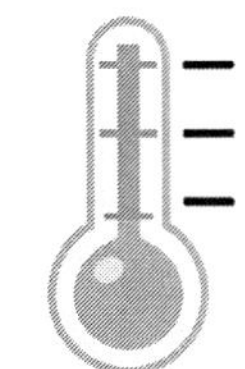

Il fait ____________________.

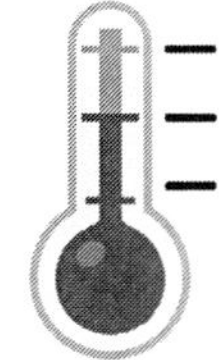

Il fait _____________________ .

nuages • soleil • neige • pleut • chaud • vent • froid

9 Le temps

1 *Fais des phrases.*

Il y a un orage.

Je mets mes lunettes de soleil.

Il neige.

Je fais de la luge.

Il fait froid.

Ça fait du bruit.

Il y a du soleil.

Je mets mon manteau.

Je prends mon parapluie.

Il pleut.

bruit 

lunettes de soleil 

manteau 

luge 

parapluie 

Fit für Klasse Fünf! - FRANZÖSISCH Trainer für den Übertritt in die weiterführende Schule – Bestell-Nr. 12 658

9 Le temps

Complète les phrases.
Trouve les villes correspondantes.

Il pleut à ...

Il y a des nuages à ...

Il fait dix-sept degrés à ...

Il y a des orages à ...

Il fait chaud à ...

Il y du vent à ...

Il fait vingt-trois degrés à ...

Il y a un arc-en-ciel à ...

Il y a un orage et il pleut à ...

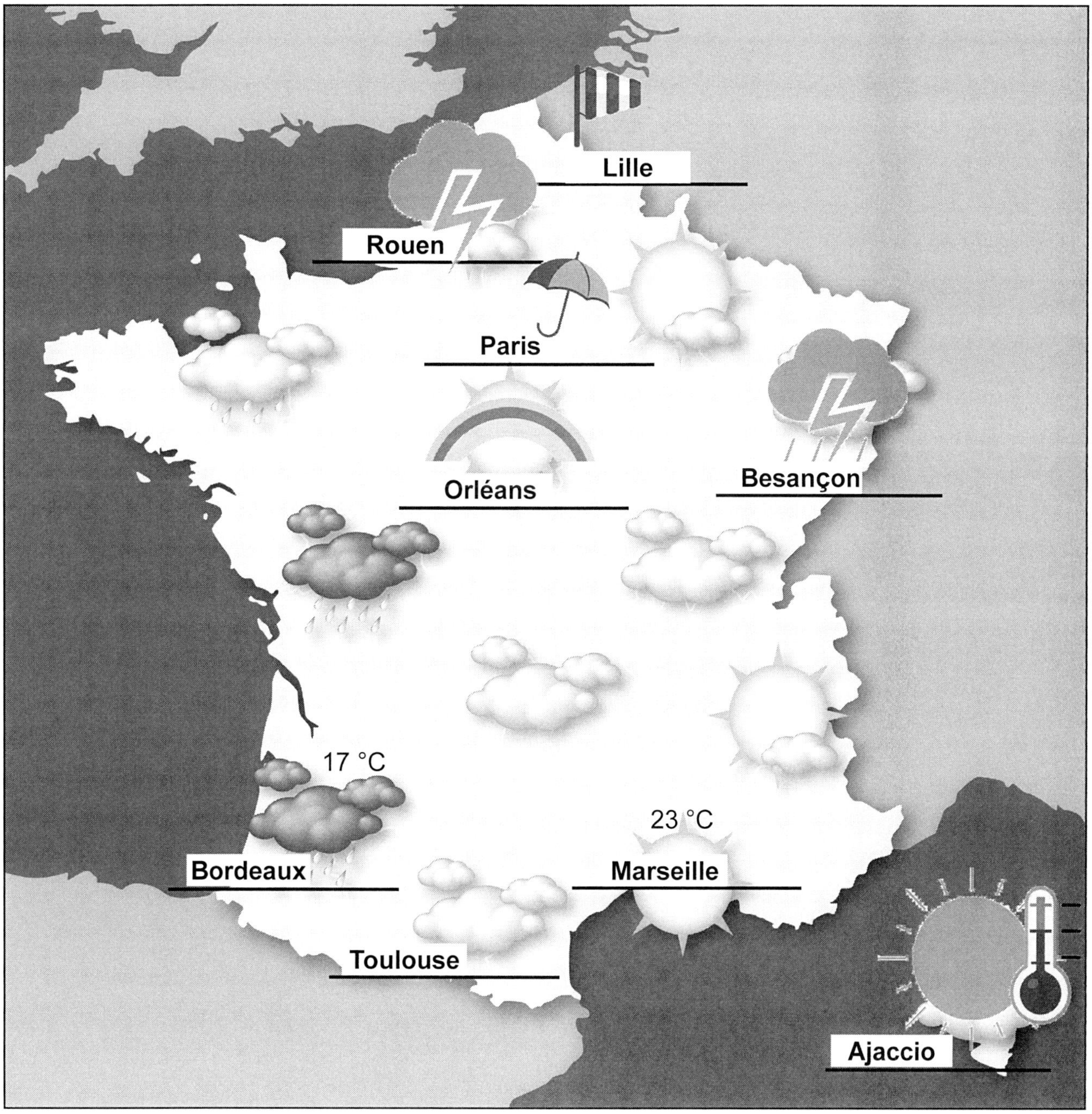

Lille

Rouen

Paris

Orléans

Besançon

17 °C

23 °C

Bordeaux

Marseille

Toulouse

Ajaccio

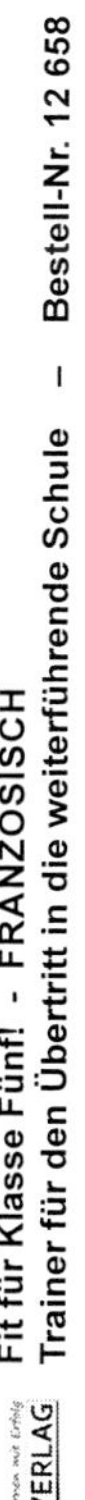

10 L'année

1 Les mois
Mets-les dans l'ordre.

février

mai

juin

septembre

mars

1 janvier

août

décembre

novembre

avril

octobre

juillet

2 Les saisons
Quelle saison? Classe les mois de l'exercice 1.

printemps	été	automne	hiver
___	___	___	___
___	___	___	___
___	___	___	___

Fit für Klasse Fünf! - FRANZÖSISCH
Trainer für den Übertritt in die weiterführende Schule – Bestell-Nr. 12 658
KOHL VERLAG

10 L'année

1 *Trouve les 12 mois dans la grille. Mets-les dans l'ordre.*

K	D	U	D	G	I	J	Z	E	R	B	N	S	A	W
O	A	F	É	V	R	I	E	R	H	P	L	J	U	L
N	W	C	C	Û	J	O	T	N	S	Y	R	Û	M	K
R	G	V	E	K	J	U	I	L	L	E	T	C	A	O
B	A	B	M	J	U	É	B	I	L	P	N	A	I	B
U	V	U	B	Z	I	G	X	V	U	J	O	J	Û	N
K	R	I	R	V	N	J	F	E	R	A	C	U	D	O
W	I	M	E	C	U	H	N	F	R	N	M	U	A	V
A	L	N	X	Z	G	B	U	J	E	V	X	Z	B	E
X	T	R	A	R	U	H	O	N	G	I	B	G	D	M
B	F	A	O	Û	T	V	I	K	L	E	H	I	K	B
T	B	D	W	U	J	K	N	M	A	R	S	C	U	R
Z	O	C	T	O	B	R	E	B	C	Z	D	A	Y	E
M	F	D	U	I	S	E	P	T	E	M	B	R	E	N
E	F	Z	U	I	K	Û	P	G	N	I	S	W	L	P

1 ______________________ 7 ______________________

2 ______________________ 8 ______________________

3 ______________________ 9 ______________________

4 ______________________ 10 ______________________

5 ______________________ 11 ______________________

6 ______________________ 12 ______________________

KOHL VERLAG
Fit für Klasse Fünf! - FRANZÖSISCH
Trainer für den Übertritt in die weiterführende Schule - Bestell-Nr. 12 658

10 L'année

1 *Les filles s'appellent comment?*

«Je suis née en hiver.»

«Je suis née au printemps.»

«Je suis née en été.»

«Je suis née en automne.»

Marilyn est née en juin.

Tinette est née en novembre.

Charlène est née en janvier.

Paulette est née en mai.

10 L'année

1 *Trouve les mois. En quel mois Louis est-il né?*

Je fais du ski en
2

Noël est en
3

Le mois après février, c'est
1

Les vacances d'été en Allemagne commencent en

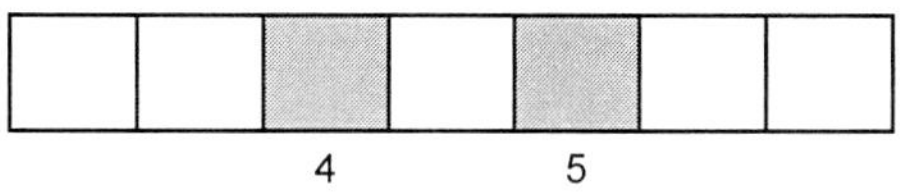
4 5

C'est la rentrée en

Fit für Klasse Fünf! - FRANZÖSISCH
Trainer für den Übertritt in die weiterführende Schule – Bestell-Nr. 12 658
KOHL VERLAG

11 Les jours de la semaine/La date/L'heure

1 *Écris les jours en français et en allemand.*

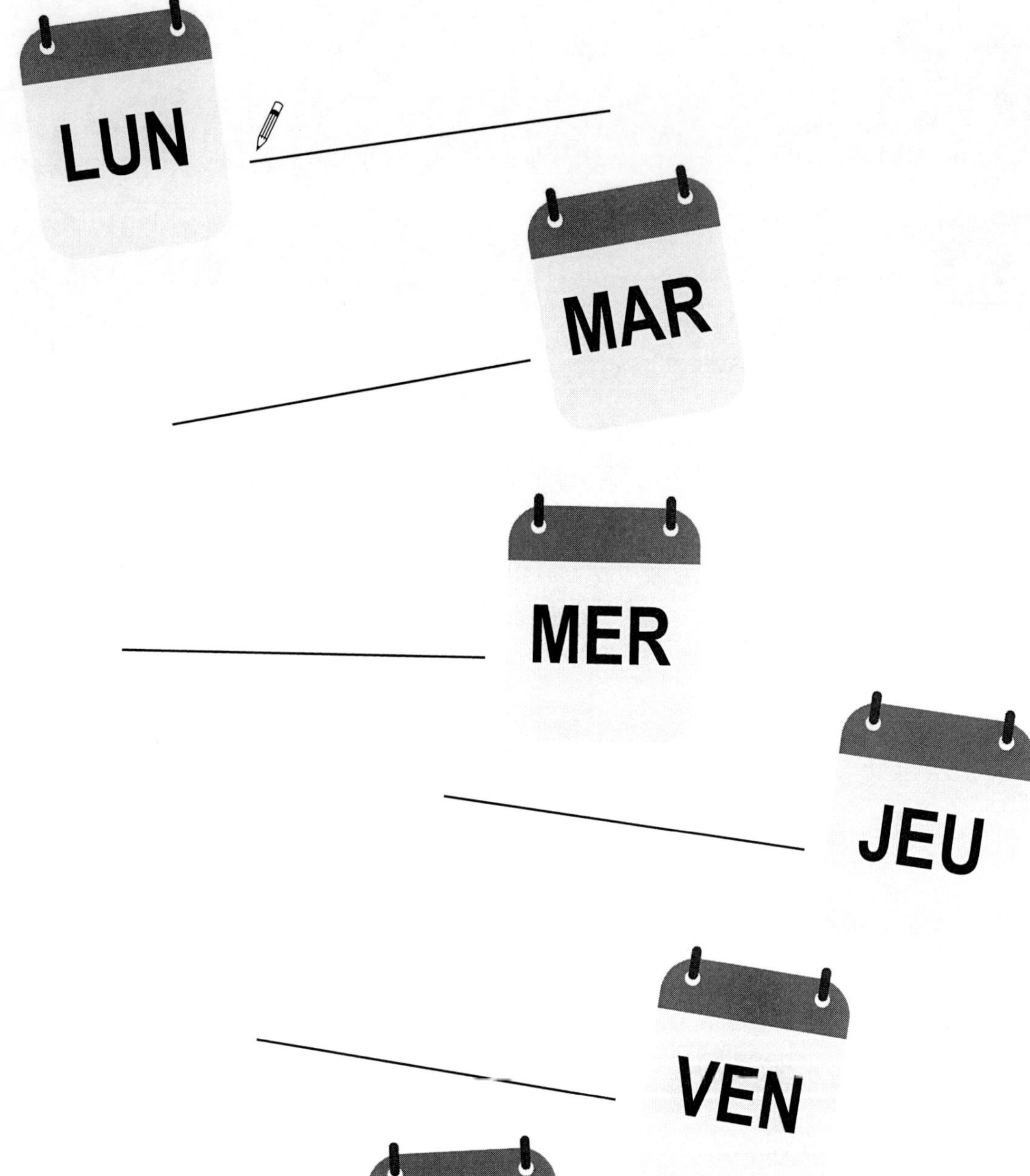

dimanche • mercredi • samedi • mardi • vendredi • lundi • jeudi

KOHL VERLAG
Fit für Klasse Fünf! - FRANZÖSISCH
Trainer für den Übertritt in die weiterführende Schule – Bestell-Nr. 12 658

11 Les jours de la semaine/La date/L'heure

1 *Qui est né(e) quand? Trouve les noms.*

Sarah:	«Mon anniversaire est le six-sept janvier.»
Mariko:	«Mon anniversaire est le treize août.»
Ryan:	«Mon anniversaire est le vingt avril.»
Magalie:	«Mon anniversaire est le neuf septembre.»
Anne-Sopie:	«Mon anniversaire et le treize octobre.»
Frédo:	«Mon anniversaire est le treize février.»
Théa:	«Mon anniversaire est le vingt-et-un mars.»
Noémie:	«Mon anniversaire est le trente décembre.»
Jean:	«Mon anniversaire est le deux mai.»
Rajif:	«Mon anniversaire et le quatorze juin.»
Malik:	«Mon anniversaire est le quatre juillet.»
Miran:	«Mon anniversaire est le onze novembre.»

KOHL VERLAG
Fit für Klasse Fünf! - FRANZÖSISCH
Trainer für den Übertritt in die weiterführende Schule - Bestell-Nr. 12 658

11 Les jours de la semaine/La date/L'heure

1 ***Quand est ton anniversaire?*** *Jouez le dialogue.*

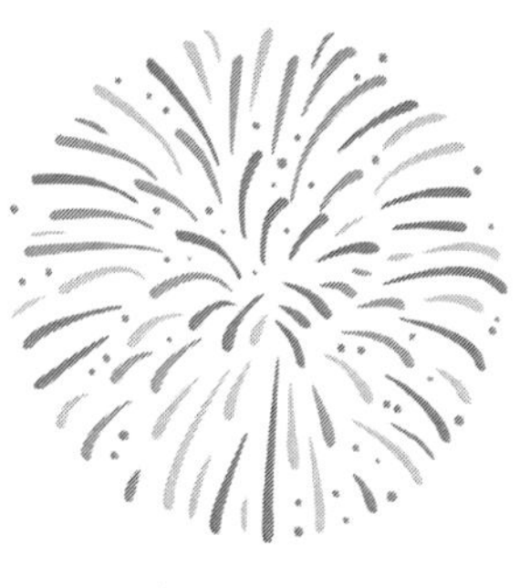

INVITATION

Je t'invite à mon anniversaire
Le: **13 avril**

À partir de 14 h 30
jusqu'à 18 h

à l'adresse: 20, Avenue Gérard, 67500 Haguenau

Peux-tu me confirmer ta venue:
Par telephone: 3 88 50 69 25
Par mail: lina@bourvil.fr

Lina

2 *Écris une invitation pour ton anniversaire à un ami/une amie.*

Fit für Klasse Fünf! - FRANZÖSISCH
Trainer für den Übertritt in die weiterführende Schule – Bestell-Nr. 12 658
KOHL VERLAG

11 Les jours de la semaine/La date/L'heure

1 *Complète le texte. Mets les fêtes dans le bon ordre.*

6 décembre • Fête • France • Noël • premier • dernier • printemps

1. En France, on fête ____________ le 25 décembre.
2. Le jour de l'an est le 1er janvier. C'est le ____________ jour de l'année.
3. Le 21 juin, il y a la ____________ de la Musique dans beaucoup de villes en France.
4. On fête la Saint Nicolas le ____________. Saint Nicolas donne des cadeaux aux enfants sages.
5. La Fête de Pâques est au ____________. À Pâques, les enfants partent à la chasse des œufs.
6. La Fête Nationale en ____________ est le 14 juillet.
7. Le Saint Sylvestre est fêté le 31 décembre. C'est le ____________ jour de l'année.

Fit für Klasse Fünf! - FRANZÖSISCH
Trainer für den Übertritt in die weiterführende Schule – Bestell-Nr. 12 658
KOHL VERLAG

11 Les jours de la semaine/La date/L'heure

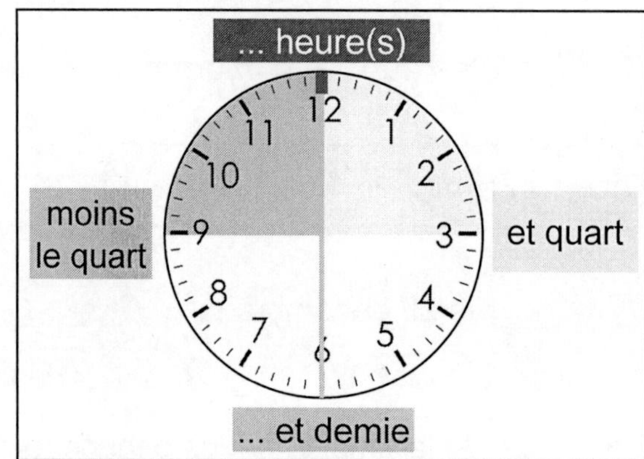

Quelle heure est-il?

1

a)  **b)** 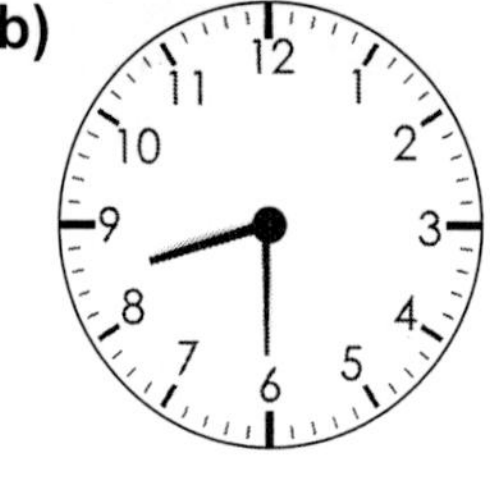 **c)** 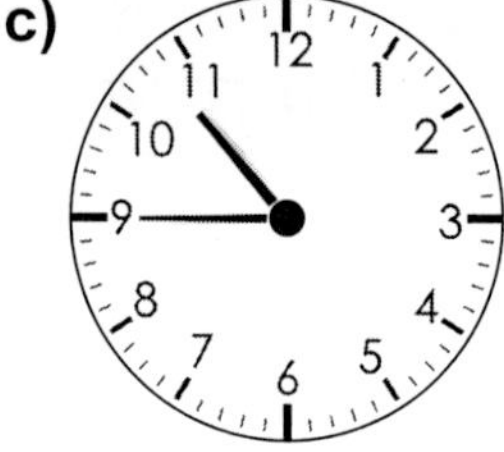 **d)** 

Il est ____________ heures. ____________ ____________ ____________

2 *Dessine les aiguilles.*

a) 
Il est neuf heures et demie.

b) 
Il est trois heures moins le quart.

c) 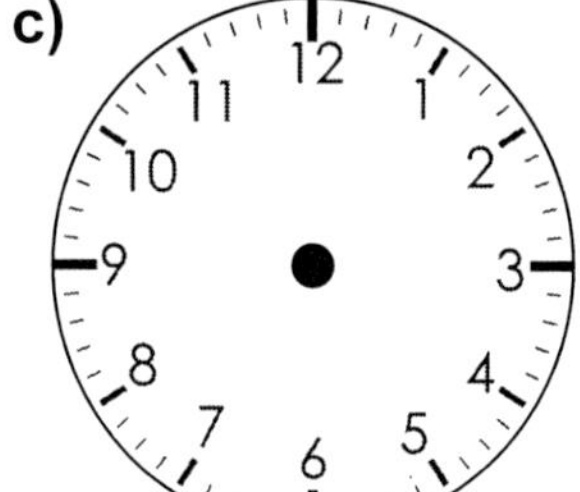
Il est onze heures et quart.

d) 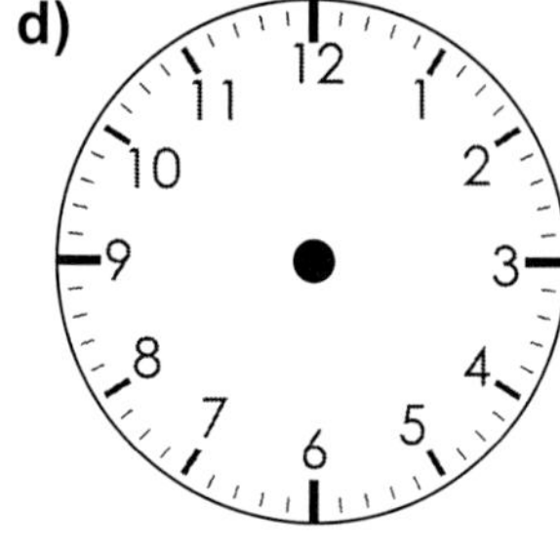
Il est midi.

3 *Écris les nombres.*

10 ____________

20 ____________

40 ____________

30 ____________

60 ____________

90 ____________

80 ____________

70 ____________

100 ____________

50 ____________

KOHL VERLAG – Fit für Klasse Fünf! - FRANZÖSISCH Trainer für den Übertritt in die weiterführende Schule – Bestell-Nr. 12 658

12 Le corps

la langue	
la bouche	
l'œil	

la dent	
le nez	
le doigt	

l'épaule	
le genou	
le bras	

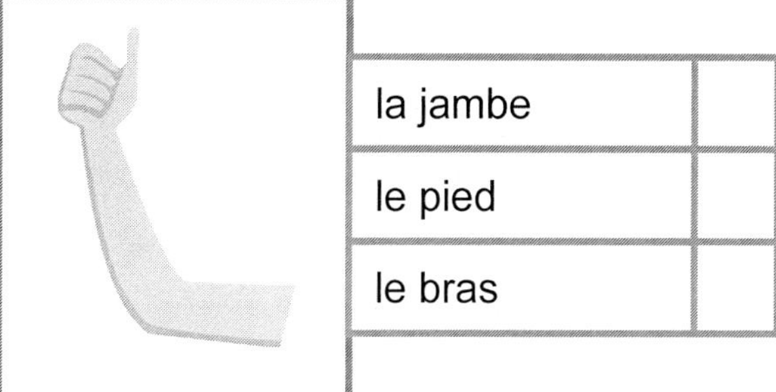

la jambe	
le pied	
le bras	

l'oreille	
le cou	
le dos	

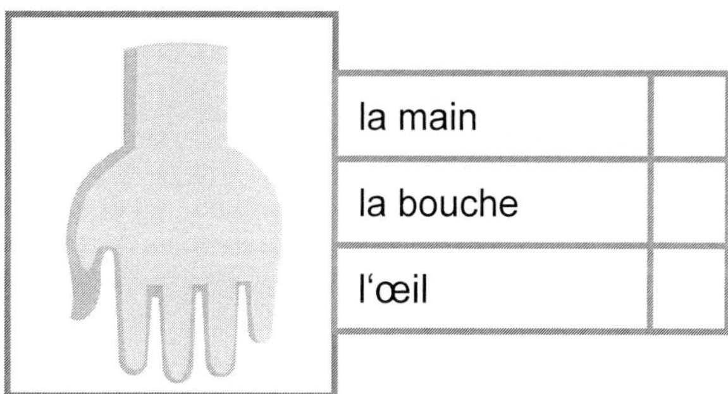

la main	
la bouche	
l'œil	

l'oreille	
la tête	
le dos	

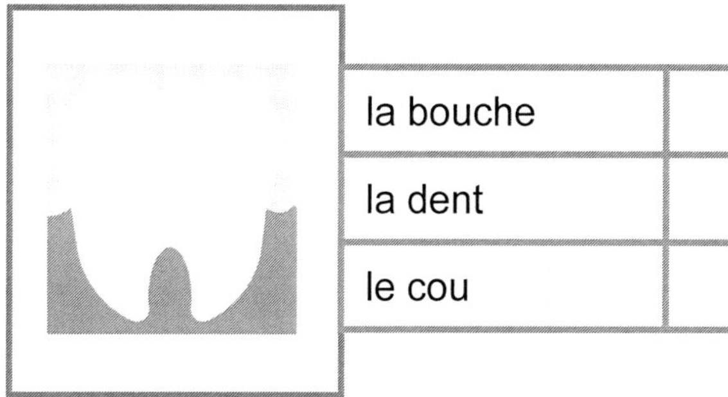

la bouche	
la dent	
le cou	

Fit für Klasse Fünf! - FRANZÖSISCH
Trainer für den Übertritt in die weiterführende Schule – Bestell-Nr. 12 658
KOHL VERLAG

12 Le corps

Quel mot va avec quelle image? *Écris les mots sur les lignes.*

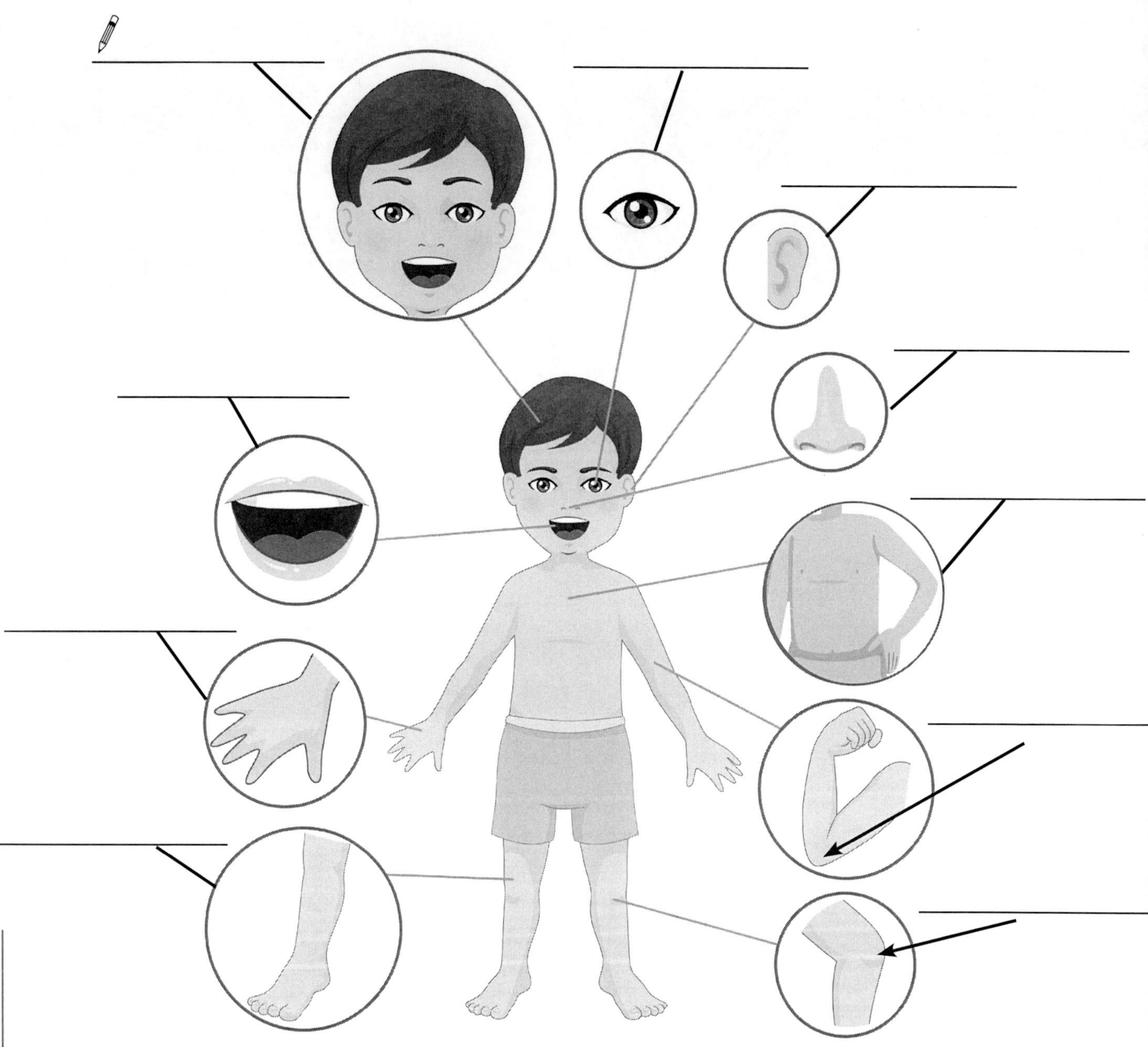

l'œil • l'oreille • le nez • le ventre • le coude • le genou • la jambe • la main • la bouche • la tête

Fit für Klasse Fünf! - FRANZÖSISCH
Trainer für den Übertritt in die weiterführende Schule – Bestell-Nr. 12 658
KOHL VERLAG

12 Le corps

1 *Quel mot ne va pas avec les autres? Tu obtiens le nom du garçon.*

a) (Y) le nez • (R) la fille • (M) le bras • (N) la jambe • (S) la tête

b) (U) l'œil • (O) l'oreille • (A) l'oignon • (I) le pied • (E) la jambe

c) (M) le pied • (N) le doigt • (S) le genou • (O) le gant • (U) le nez

d) (S) le coude • (L) l'épaule • (M) la bouche • (D) l'oreille • (U) la gomme

e) (L) la trousse • (E) la bouche • (D) le bras • (Y) le cou • (O) le dos

Le garçon s'appelle

a)	b)	c)	d)	e)

KOHL VERLAG
Fit für Klasse Fünf! - FRANZÖSISCH
Trainer für den Übertritt in die weiterführende Schule – Bestell-Nr. 12 658

12 Le corps

1 ***Dialogue*** *Jouez le dialoge à deux.*

«Montre-moi ta bouche.»

«Voilà ma bouche.»

tes/mes yeux

tes/mes oreilles

ton/mon pied

ta/ma bouche

ton/mon cou

ton/mon épaule

ton/mon genou

ta/ma main

tes/mes dents

ton/mon nez

ton/mon coude

ton/mon bras

ton/mon ventre

ta/ma jambe

ta/ma langue

ta/ma tête

tes/mes cheveux

ton/mon dos

KOHL VERLAG Fit für Klasse Fünf! - FRANZÖSISCH Trainer für den Übertritt in die weiterführende Schule – Bestell-Nr. 12 658

13 À savoir sur la France

Quelle image va avec quelle phrase?

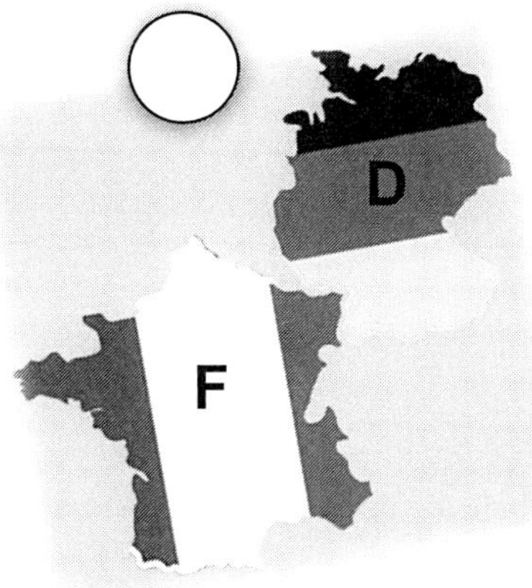

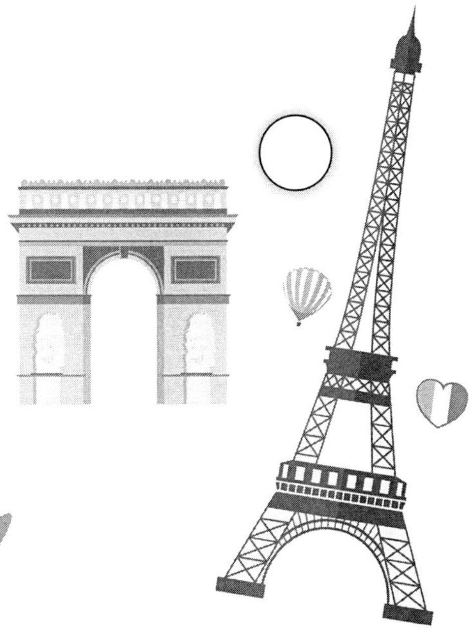

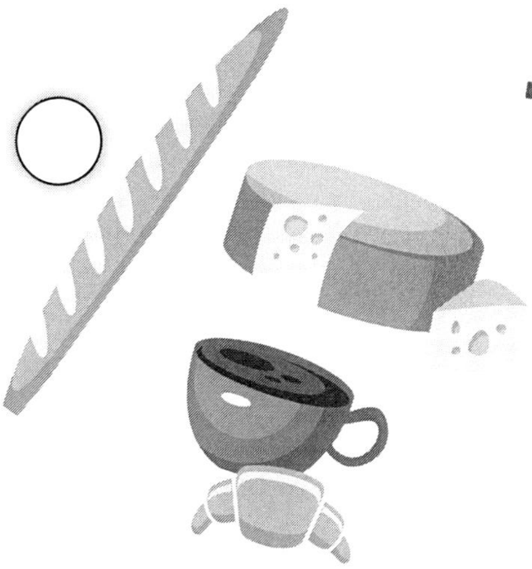

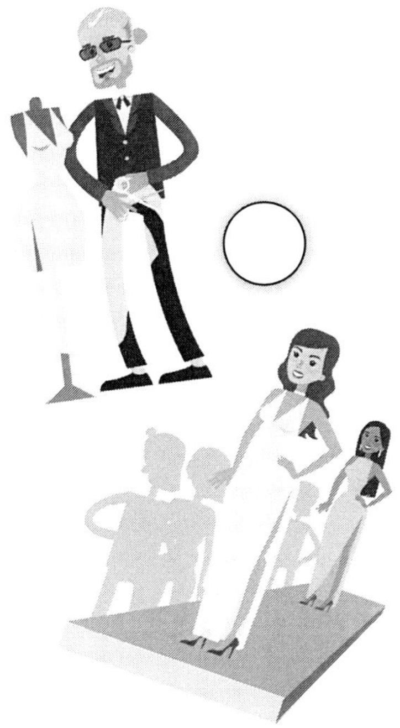

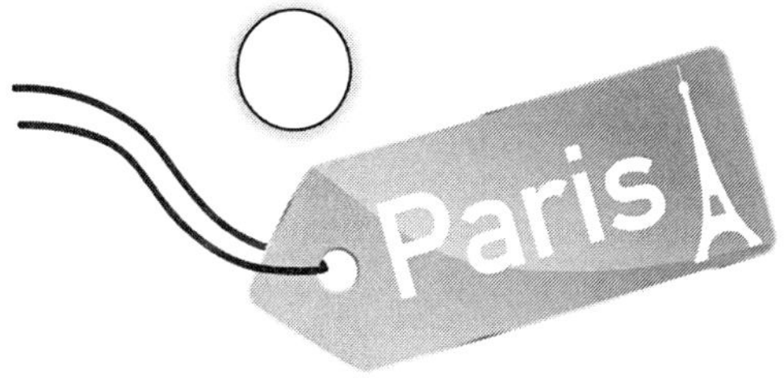

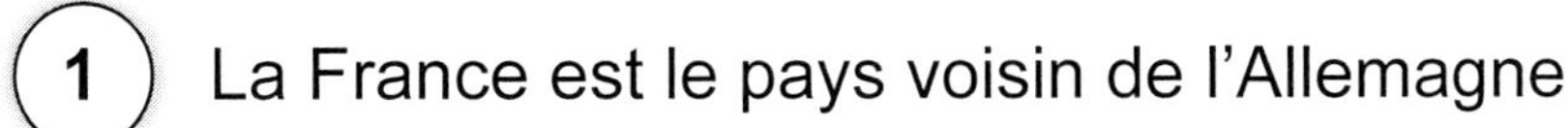

1. La France est le pays voisin de l'Allemagne.
2. La capitale de la France est Paris.
3. Les symboles de Paris sont *la Tour Eiffel* et *l'Arc de Triomphe*.
4. Les Français aiment manger la baguette, le fromage et les croissants.
5. Paris est la capitale de la mode. Il y a beaucoup de couturiers et de défilés de mode.

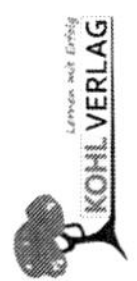

Fit für Klasse Fünf! - FRANZÖSISCH
Trainer für den Übertritt in die weiterführende Schule – Bestell-Nr. 12 658

13 À savoir sur la France

Quelle phrase va avec quelle image?

1. Les sports populaires en France sont le football, le tennis, le basketball ou le rugby.

2. Les Français payent en euro.

3. Le *Tour de France* est la course cycliste connue dans tout le monde.

4. Le tableau célèbre *La Joconde* se trouve au *Louvre*. C'est un grand musée à Paris.

5. En France, il y beaucoup de belles plages.

KOHL VERLAG Fit für Klasse Fünf! - FRANZÖSISCH Trainer für den Übertritt in die weiterführende Schule – Bestell-Nr. 12 658

13 À savoir sur la France

1 *Fais un portrait de la France. Remplis les vides. Tu peux aussi surfer sur Internet.*

Symbole(s) de la France

(à dessiner)

Capitale

Ce que les Français aiment manger

Sports

La mode

Tableau célèbre

KOHL VERLAG Fit für Klasse Fünf! - FRANZÖSISCH Trainer für den Übertritt in die weiterführende Schule – Bestell-Nr. 12 658

Lösungen

1 Ma famille et moi

Seite 5:

Amira

Salut.	
Je m'appelle Amira.	X
J'ai 9 ans.	

Salut.	X
Je m'appelle Amira.	
J'habite à Strasbourg.	

J'habite à Strasbourg.	X
J'ai neuf ans.	
J'ai un chien.	

J'ai un chien.	
J'ai une sœur.	
J'ai neuf ans.	X

J'ai un frère.	
J'ai une sœur.	X
J'ai deux sœurs.	

J'ai deux frères.	
J'ai un frère.	X
J'ai une sœur.	

J'ai neuf ans.	
J'ai dix ans.	X
J'ai onze ans.	

J'ai un chien.	
J'ai un chat.	
J'ai un lapin.	X

Seite 6:

«J'ai dix ans.»	**Christophe**
«J'ai une perruche.»	**Solenne**
«J'aime lire.»	**Helin**
«J'ai deux sœurs.»	**Solenne**
«J'aime le foot.»	**Jérôme**
«J'habite à Colmar.»	**Christophe**
«J'ai quatre cobayes.»	**Helin**

Fit für Klasse Fünf! - FRANZÖSISCH
Trainer für den Übertritt in die weiterführende Schule – Bestell-Nr. 12 658

Lösungen

1 Ma famille et moi

Seite 7:

1
1 Jérôme a neuf ans.
2 Solenne aime la danse.
3 Christophe habite à Colmar.
4 Helin a quatre cobayes.
5 Solenne a deux sœurs.
6 Jérôme aime le foot.

2
Helin a une sœur et deux frères.
Solenne a neuf ans.
Jérôme habite à Mulhouse.
Christophe a un chien.
Helin aime lire.
Christophe aime le rugby.

3
1 Solenne a une sœur et un frère.  
2 Helin a dix ans.  
3 Solenne aime le rugby.  
4 Christophe habite à Colmar.  
5 Helin aime la danse.  
6 Jérôme aime le foot.  

Seite 8: individuelle Lösung

Seite 9:

1

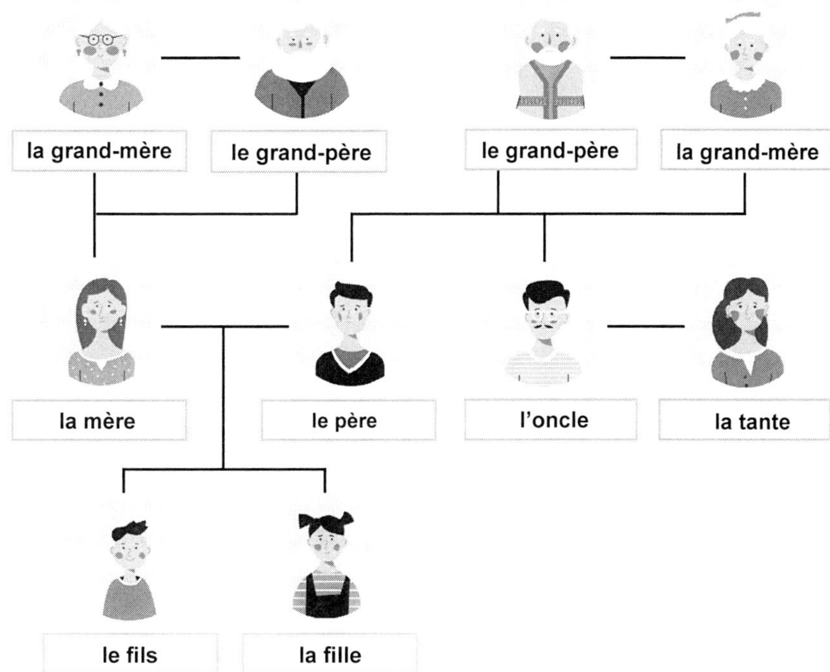

Fit für Klasse Fünf! - FRANZÖSISCH
Trainer für den Übertritt in die weiterführende Schule – Bestell-Nr. 12 658
KOHL VERLAG

Lösungen

1 Ma famille et moi

Seite 9: 2

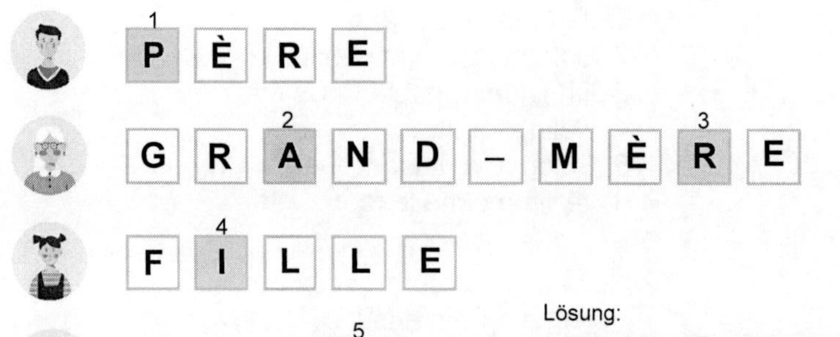

2 Animaux

Seite 10:

KOHL VERLAG
Fit für Klasse Fünf! - FRANZÖSISCH
Trainer für den Übertritt in die weiterführende Schule – Bestell-Nr. 12 658

Lösungen

2 Animaux

Seite 11:

1 Le zoo ouvre de lundi à dimanche à 10 **heures**.
Il y a **2000** animaux.
Il y a le grand **jungle** des singes.
On peut voir le nourrissage des **ours** à 14 heures.
On peut voir le nourrissage des **gorilles** à 11 heures.
Un billet coûte **8 euros**.

2

		✓	✗
1	À 14 heures, il y a le nourrissage des gorilles.		(X)
2	Un billet coûte huit euros.	(X)	
3	Il y a 200 animaux au zoo.		(X)
4	Il y a le grand jungle des girafes.		(X)

Seite 12:

1 Pierre aime les chiens. Il adore les chats. Il aime les lions et il déteste les vaches. Mohammed déteste les chiens. Il aime les chats. Il adore les lions et il aime les vaches.
Romy aime les chiens. Elle déteste les chats. Elle déteste les lions et adore les vaches. Anne-Sophie adore les chiens. Elle déteste les chats. Elle adore les lions et déteste les vaches.

2 individuelle Lösungen

Seite 13:

Le **singe** ne mange pas une banane. Il mange deux bananes.
Le **lapin** ne mange pas une carotte. Il mange quatre carottes.
Le **cheval** mange une pomme. Il ne mange pas cinq pommes.

3 Sports et activités

Seite 14:

KOHL VERLAG Fit für Klasse Fünf! - FRANZÖSISCH Trainer für den Übertritt in die weiterführende Schule – Bestell-Nr. 12 658

Lösungen

3 Sports et activités

Seite 15 **Clarisse** aime faire du cheval. Elle aime jouer du piano. Elle n'aime pas chanter. Elle n'aime pas jouer au foot.

Henri n'aime pas la pêche. Il aime faire du vélo. Il aime jouer du théâtre. Il n'aime pas lire.

Seite 16:

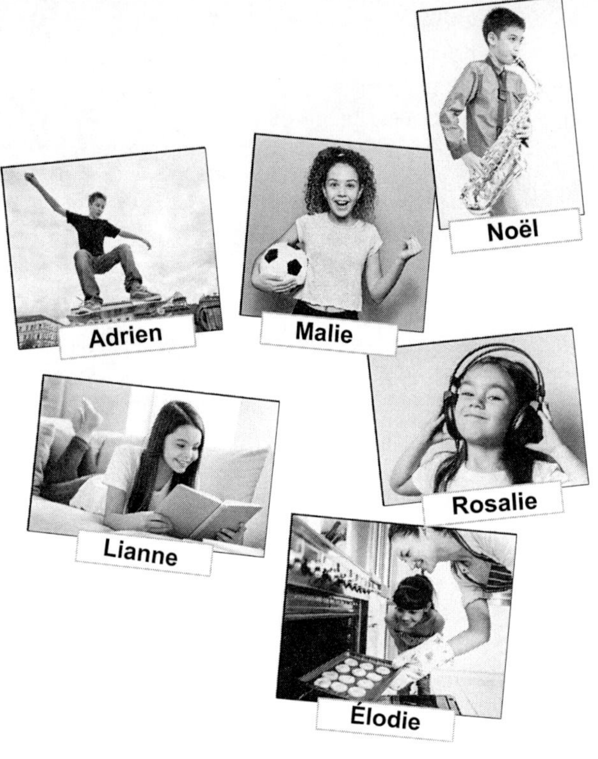

Seite 17:

1 Marcel et Éric font du judo. Éric est le frère de Marcel. Les deux garçons aiment le sport.

Victor et Mathilde collectionnent les timbres. Mathilde est la sœur de Victor. Elle a neuf ans.

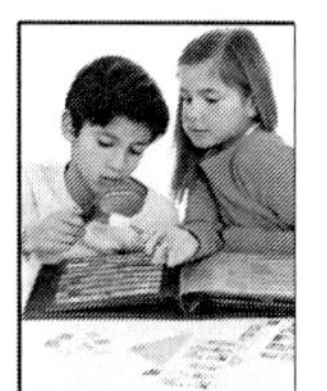

Tinette et sa mère jouent au babyfoot. Tinette a neuf ans.

KOHL VERLAG Lernen mit Erfolg
Fit für Klasse Fünf! - FRANZÖSISCH
Trainer für den Übertritt in die weiterführende Schule - Bestell-Nr. 12 658

Lösungen

3 Sports et activités

Seite 17:

2 Jérémy fait du cheval.
Anna fait de la danse.
Claude joue de la flûte.
Mustafa fait du vélo.
Erva joue au volley.

Seite 18:

Solution:

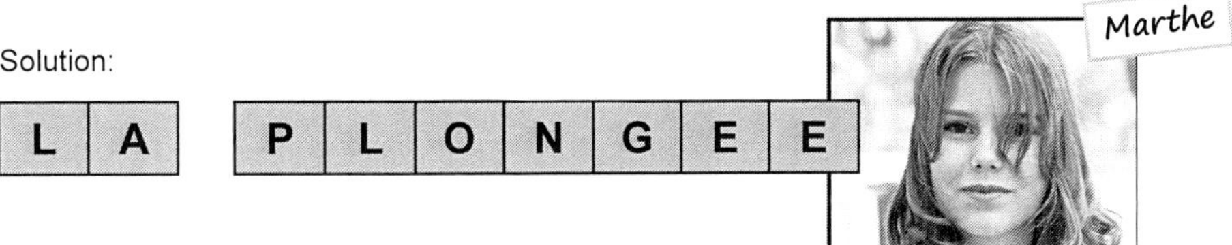

KOHL VERLAG
Fit für Klasse Fünf! - FRANZÖSISCH
Trainer für den Übertritt in die weiterführende Schule – Bestell-Nr. 12 658

Lösungen

4 À l'école

Seite 19:

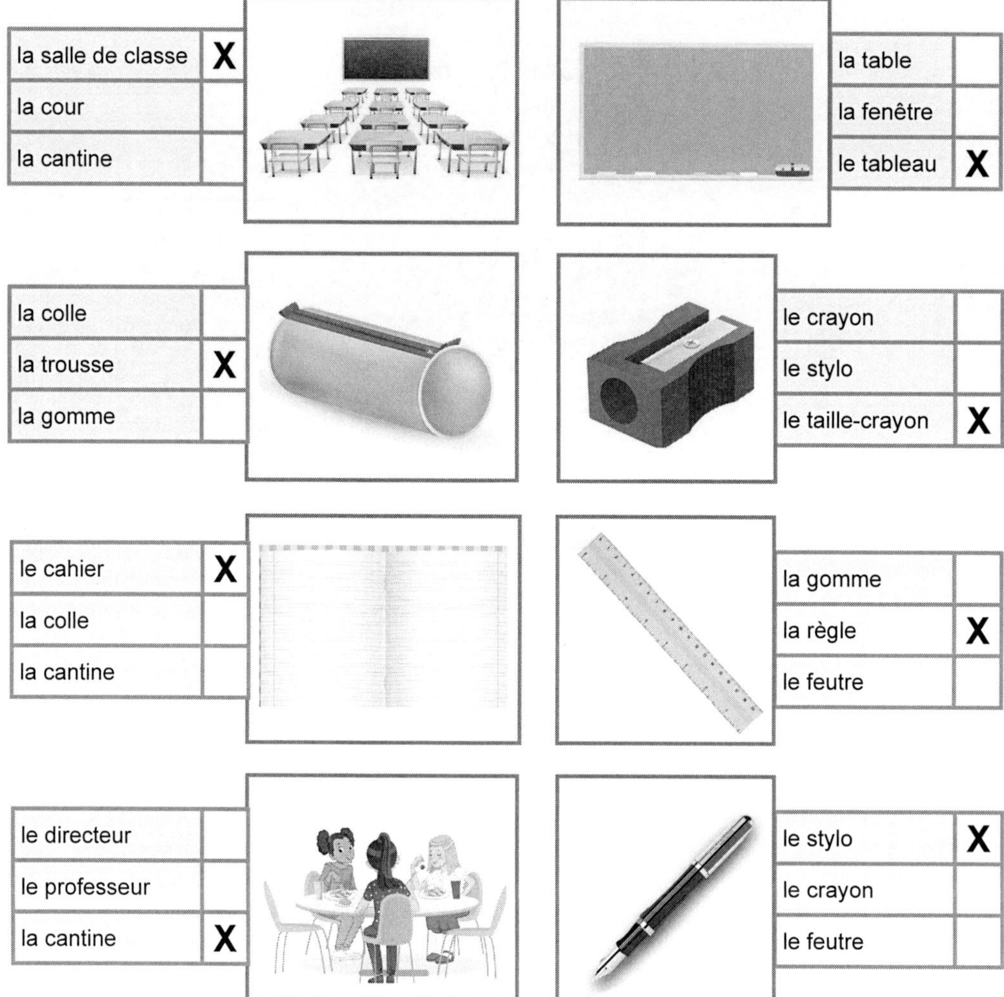

Seite 20:

Marie a <u>une</u> colle. C'est <u>la</u> colle de Paul.
Paul a <u>un</u> crayon. C'est <u>le</u> crayon de Mahdia.
Mahdia a <u>une</u> gomme. C'est <u>la</u> gomme de Roja.

Seite 21:

	Lundi	Mardi	Jeudi	Vendredi
8h30 – 8h45	responsabilités	vie de classe	responsabilités	vie de classe
8h45 – 10h	Maths	Maths	Maths	Maths
10h – 10h15	récré	récré	récré	récré
10h15 – 11h30	**Français**	Français Arts	Français	Français
11h30 – 13h30	déjeuner			
13h30 – 15h	Français **Sport**	Français **Informatique**	Français **Musique**	Sciences/ technologie **Sport**
15h – 15h15	récré			
15h15 – 16h15	Histoire	Langue vivante	Sciences/technologie Instruction civique et morale	
16h15 – 16h30	copie des devoirs			

KOHL VERLAG
Fit für Klasse Fünf! - FRANZÖSISCH
Trainer für den Übertritt in die weiterführende Schule - Bestell-Nr. 12 658

Lösungen

4 À l'école

Seite 22:

③ Viens au tableau. ⑥ Lis le texte. ⑤ Épelle le mot. ⑧ Écoute!
⑩ Écris le texte. ④ Prends ton cahier. ⑦ Prends ton livre.
② Traduis le mot. ⑨ Quel est le mot allemand? ① Quel est le mot français?

Seite 23:

③ Je peux aller aux toilettes? ⑨ Je peux nettoyer le tableau?
⑥ Je peux ouvrir la fenêtre? ② Je peux fermer la fenêtre?
⑧ Je peux écrire au tableau? ⑦ Je peux lire?
④ J'ai fait mes devoirs. ⑤ J'ai fini.
⑩ J'ai oublié mes devoirs. ① J'ai oublié ma trousse.

5 La maison

Seite 24:

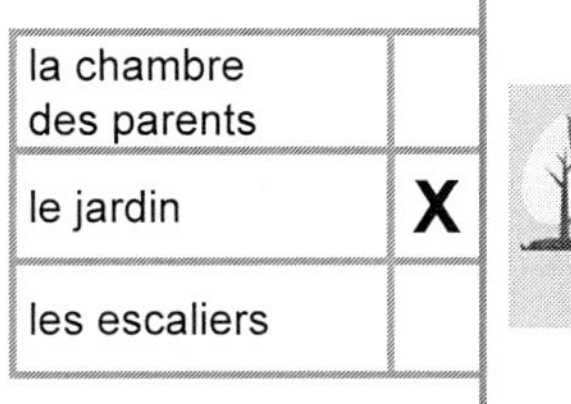

la chambre des parents	
le jardin	X
les escaliers	

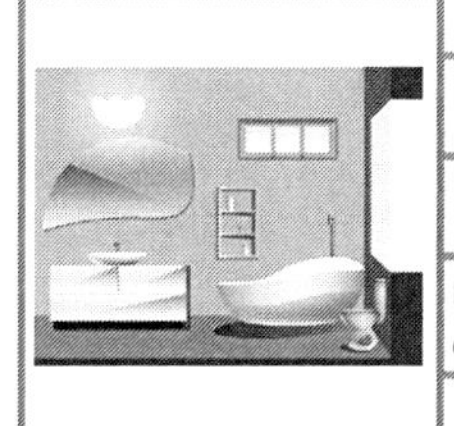

la salle de bains	X
la salle de séjour	
la chambre des enfants	

le toit	
le jardin	
le garage	X

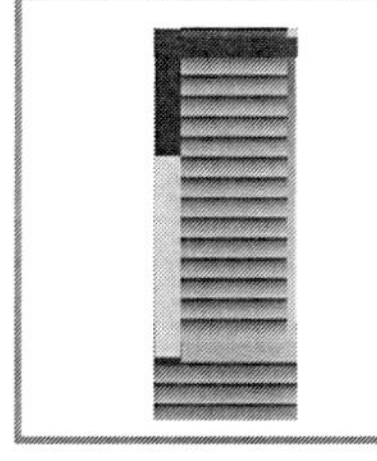

le toit	
les escaliers	X
la salle de séjour	

la chambre des enfants	X
la chambre des parents	
la cuisine	

la salle de séjour	
la cuisine	
le toit	X

la salle de bains	
la salle de séjour	X
la cuisine	

la cuisine	X
la salle de bains	
la salle de séjour	

Lösungen

5 La maison

Seite 25:

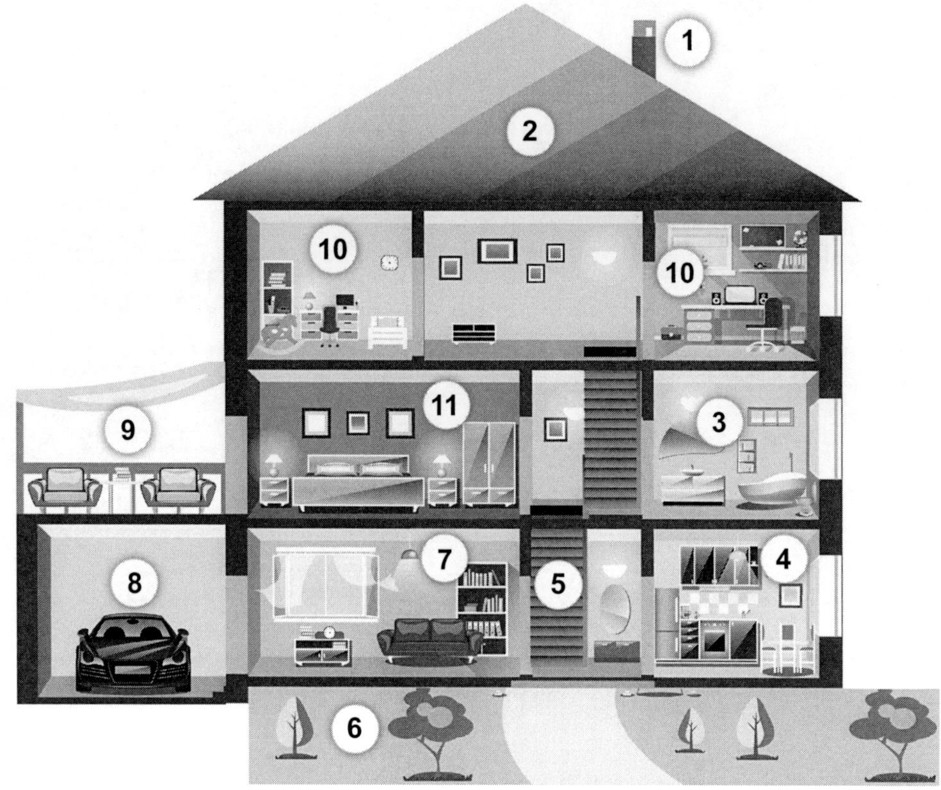

Seite 26:

L'ours est sur l'étagère.

Le magazine est sur le lit.

Le cahier est sous le bureau.

Le dé est devant le lit.

La raquette est derrière le lit.

KOHL VERLAG Fit für Klasse Fünf! - FRANZÖSISCH Trainer für den Übertritt in die weiterführende Schule – Bestell-Nr. 12 658

Lösungen

5 La maison

Seite 27:

1

L'étagère est à côté de la fenêtre.

Le bus est sur le tapis. 

La chaussette est sous le lit. 

Le ballon est sur l'étagère.

Le poster est sous l'étagère. 

2 Les chaussettes sont sur le tapis.
Le chocolat est sur le bureau.
Les ours sont sur l'étagère.

Seite 28:

1 Der Strumpf ist unter dem Schrank.
Der Stuhl ist vor dem Bett.
Die Katze ist auf dem Tisch.

2 Les chaussettes **sont** sur le canapé. = Die Strümpfe sind auf dem Sofa.
La lampe **est** dans le carton. = Die Lampe ist in dem Karton.
Les deux chiens **sont** devant la porte. = Die zwei Hunde sind vor der Tür.

6 Les couleurs

Seite 29:

Fit für Klasse Fünf! - FRANZÖSISCH
Trainer für den Übertritt in die weiterführende Schule - Bestell-Nr. 12 658
KOHL VERLAG

Lösungen

6 Les couleurs

Seite 30:

Amélie hat blonde Haare. Sie trägt ein violettes Kleid und lila Schuhe. **Max** hat braune Haare. Er trägt ein grünes T-Shirt und blaue Shorts. Seine Schuhe sind schwarz. **Ivanka** hat schwarze Haare. Sie trägt ein lila Kleid und grüne Schuhe. **Oscar** hat schwarze Haare. Er trägt ein rotes T-Shirt und orange Shorts. **Anne** hat braune Haare. Ihr T-Shirt ist gelb und ihr Rock ist rosa. Ihre Schuhe sind rot. **Marit** hat blonde Haare. Sie trägt ein rotes Kleid und graue Stiefel. **Aisuns** Haare sind schwarz. Er trägt ein oranges T-Shirt und grüne Hosen. **Juanita** hat braune Haare. Ihr Pullover ist violett und ihre Hose ist lila. Sie hat gelbe Schuhe. **Darcy** hat rote Haare. Ihr Kleid ist grün und ihre Schuhe gelb. **Jackson** hat braune Haare. Er trägt ein blaues T-Shirt und schwarze Jeans. Seine Schuhe sind orange.

Seite 31:

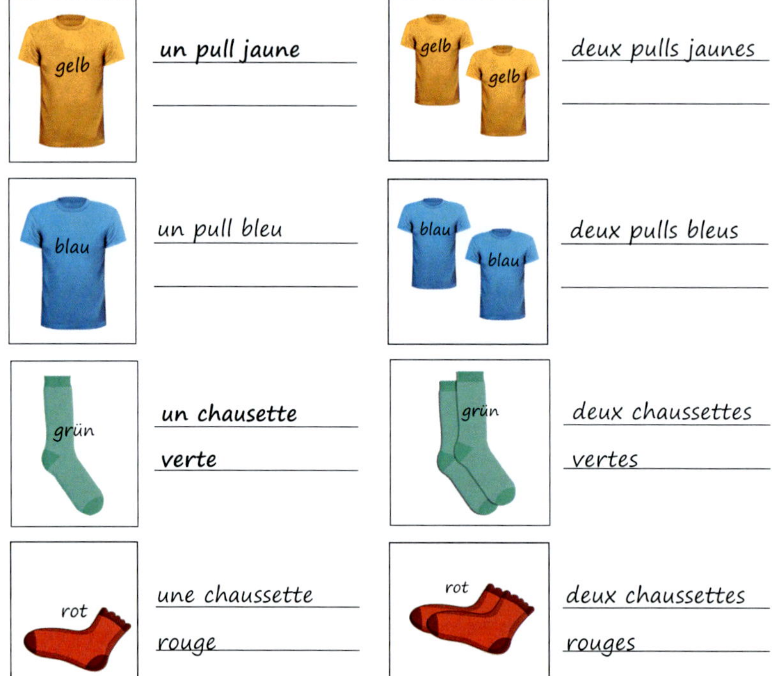

Seite 32: individuelle Lösungen

7 Les vêtements

Seite 33:

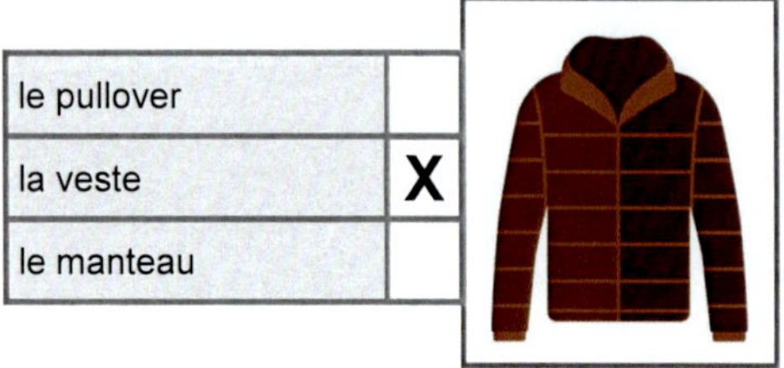

le pullover	
la veste	X
le manteau	

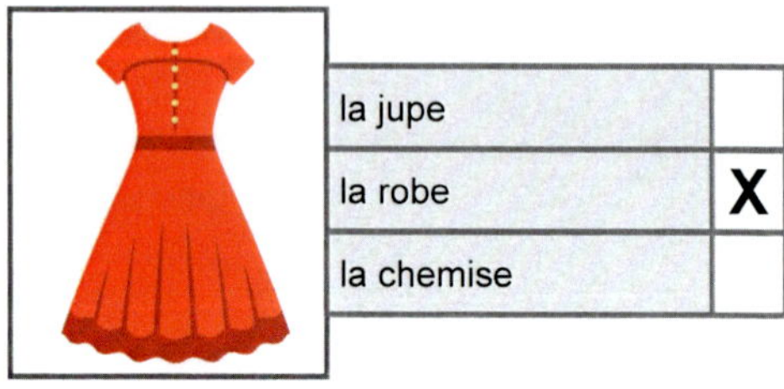

la jupe	
la robe	X
la chemise	

Lösungen

7 Les vêtements

Seite 33:

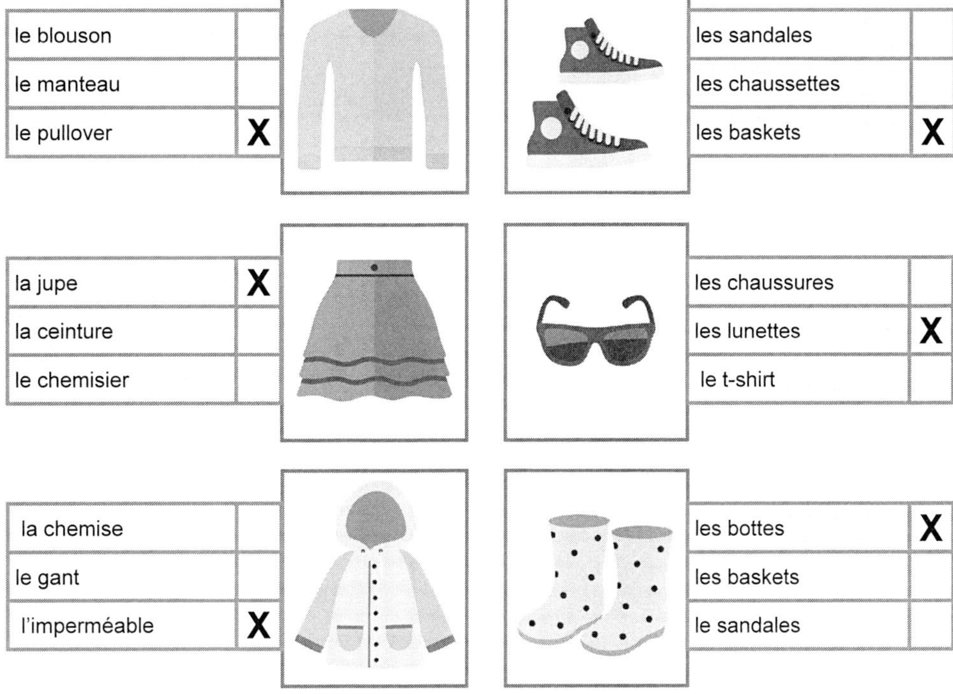

le blouson	
le manteau	
le pullover	X

les sandales	
les chaussettes	
les baskets	X

la jupe	X
la ceinture	
le chemisier	

les chaussures	
les lunettes	X
le t-shirt	

la chemise	
le gant	
l'imperméable	X

les bottes	X
les baskets	
les sandales	

Seite 34:

Fit für Klasse Fünf! - FRANZÖSISCH
Trainer für den Übertritt in die weiterführende Schule – Bestell-Nr. 12 658
KOHL VERLAG

Lösungen

7 Les vêtements

Seite 35:

C'est une casquette. C'est la casquette de Vic.

C'est une veste. C'est la veste de Bruno.

C'est un bonnet. C'est le bonnet de Nuhi.

Ce sont des t-shirts. Ce sont les t-shirts de Sylvie.

Seite 36:

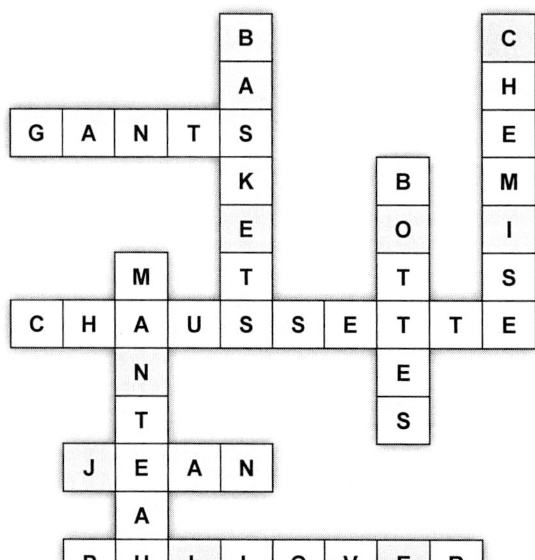

J O C E L I N E

Seite 37: **1**

veste

baskets

chemise

robe

chapeau

2 individuelle Lösungen

Fit für Klasse Fünf! - FRANZÖSISCH
Trainer für den Übertritt in die weiterführende Schule – Bestell-Nr. 12 658
KOHL VERLAG

Lösungen

8 Les aliments

Seite 38:

Seite 39:

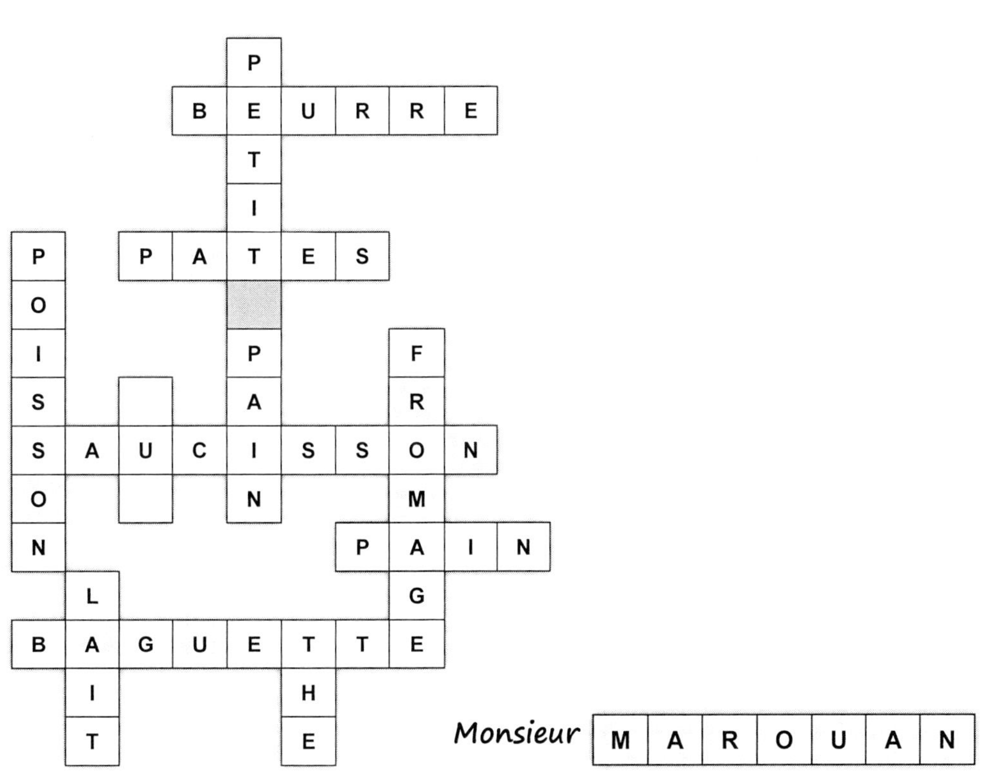

Fit für Klasse Fünf! - FRANZÖSISCH
Trainer für den Übertritt in die weiterführende Schule – Bestell-Nr. 12 658
KOHL VERLAG

Lösungen

8 Les aliments

Seite 40:

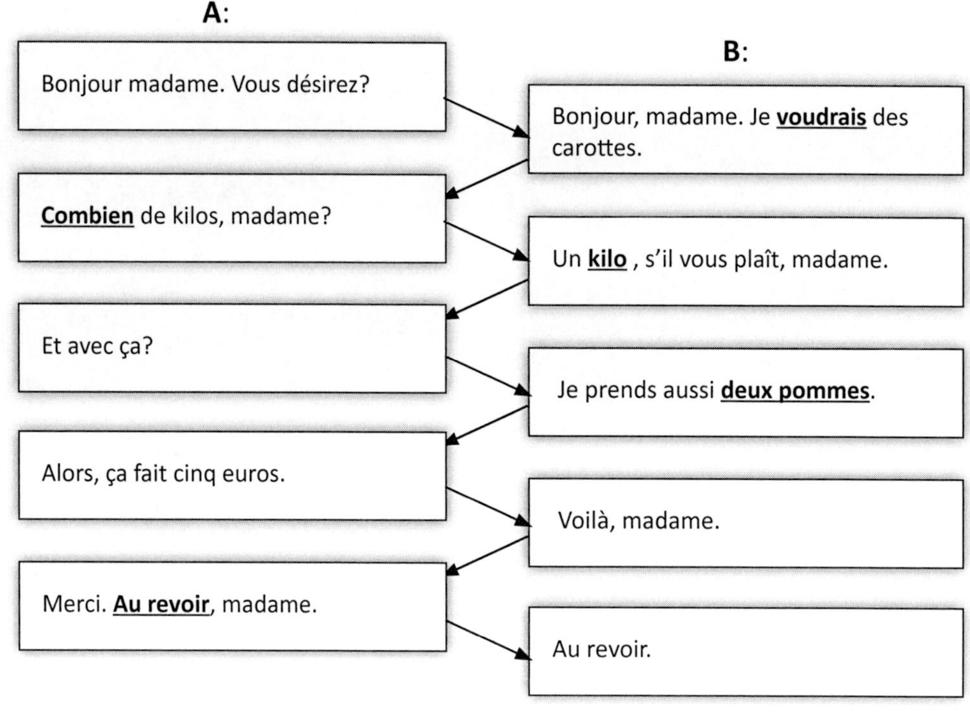

Seite 41: individuelle Lösungen

9 Le temps

Seite 42:

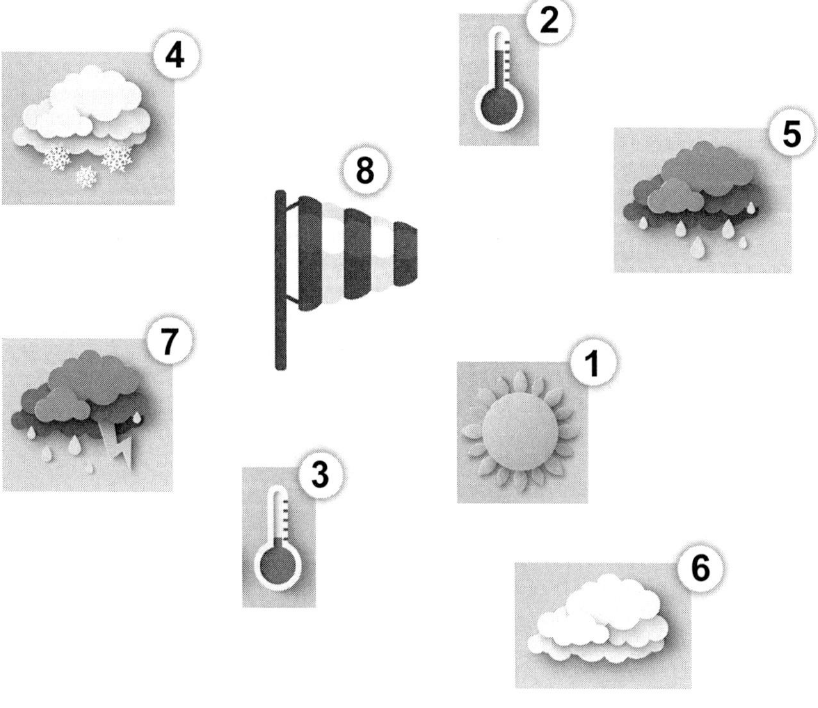

KOHL VERLAG
Fit für Klasse Fünf! - FRANZÖSISCH
Trainer für den Übertritt in die weiterführende Schule - Bestell-Nr. 12 658

Lösungen

9 Le temps

Seite 43:

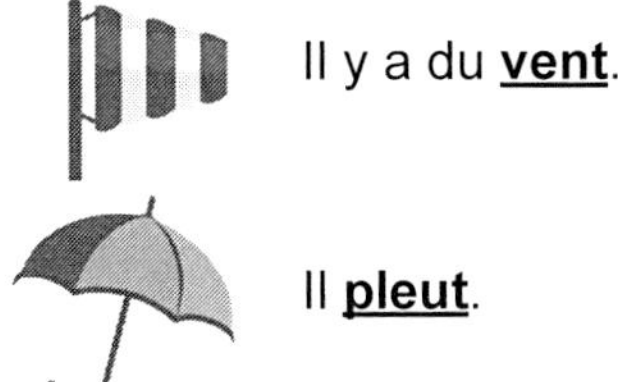

Il y a du **vent**.

Il **pleut**.

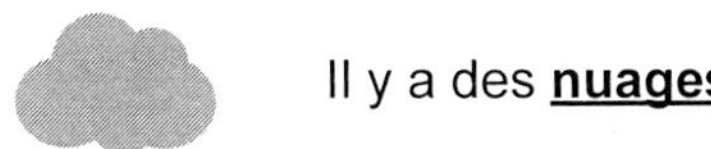

Il y a des **nuages**.

Il y a du **soleil**.

Il **neige**.

Il fait **froid**.

Il fait **chaud**.

Seite 44:

Il pleut.	Je prends mon parapluie.
Il neige.	Je fais de la luge.
Il y a du soleil.	Je mets mes lunettes de soleil.
Il fait froid.	Je mets mon manteau.
Il y a un orage.	Ça fait du bruit.

Seite 45:

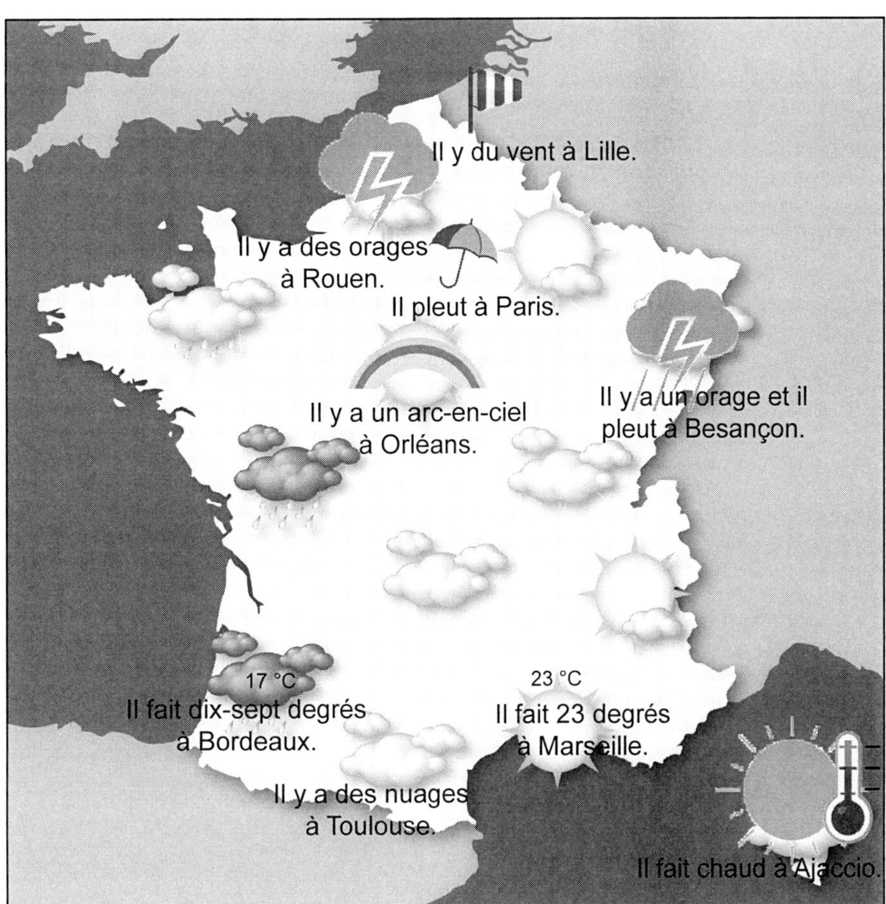

KOHL VERLAG
Fit für Klasse Fünf! - FRANZÖSISCH
Trainer für den Übertritt in die weiterführende Schule – Bestell-Nr. 12 658

Lösungen

10 L'année

Seite 46:

1

2 **printemps:** mars, avril, mai
été: juin, juillet, août
automne: septembre, octobre, novembre
hiver: décembre, janvier, février

Seite 47: *Siehe S. 46*

			D											
		F	É	V	R	I	E	R						
			C										M	
			E		J	U	I	L	L	E	T		A	
	A		M		U								I	
	V		B		I					J				N
	R		R		N					A				O
	I		E							N				V
	L									V				E
										I				M
		A	O	Û	T					E				B
								M	A	R	S			R
	O	C	T	O	B	R	E							E
					S	E	P	T	E	M	B	R	E	

Seite 48:

Charlène

Paulette

Marilyn

Tinette

KOHL VERLAG
Fit für Klasse Fünf! - FRANZÖSISCH
Trainer für den Übertritt in die weiterführende Schule – Bestell-Nr. 12 658

Lösungen

10 L'année

Seite 49: Je fais du ski en janvier.
Noël est en décembre.
Le mois après février, c'est mars.
Les vacances d'été en Allemagne commencent en juillet.
C'est la rentrée en septembre.

Solution: **AVRIL**

11 Les jours de la semaine/La date/L'heure

Seite 50: *von oben nach unten:*
lundi = Montag, mardi = Dienstag, mercredi = Mittwoch, jeudi = Donnerstag, vendredi = Freitag, samedi = Samstag, dimanche = Sonntag

Seite 51:

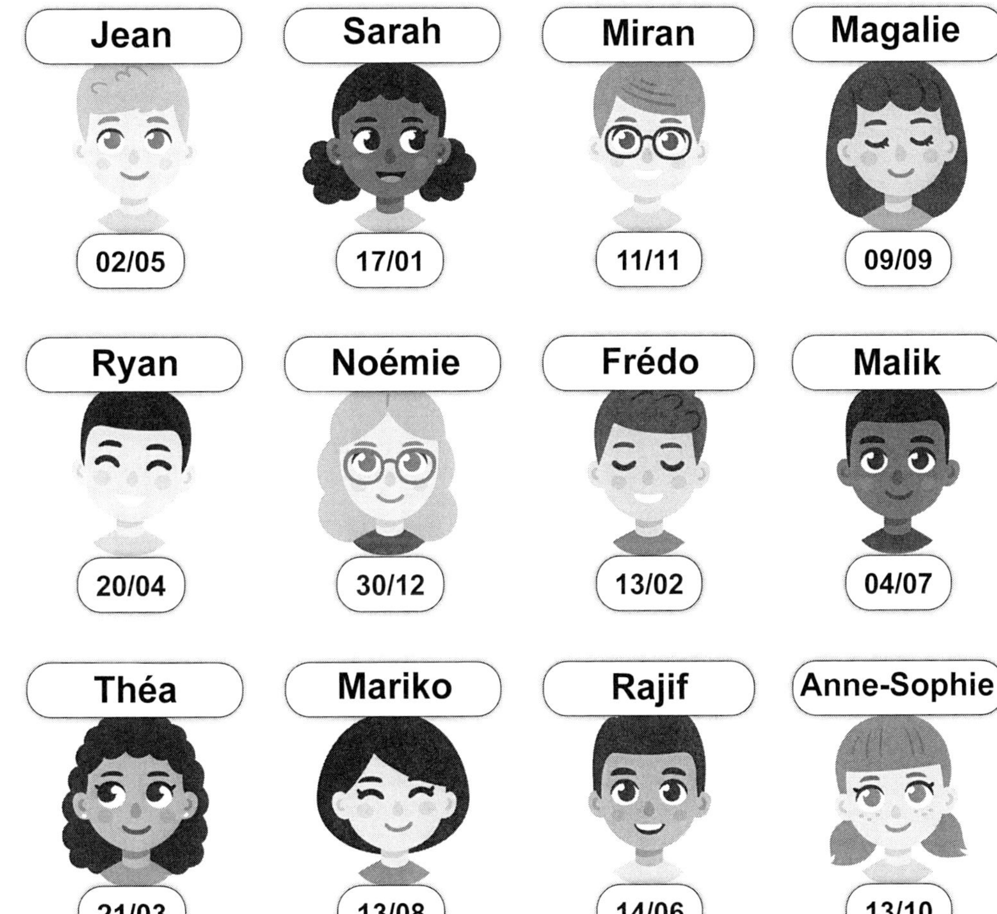

Seite 52: individuelle Lösungen

KOHL VERLAG Fit für Klasse Fünf! - FRANZÖSISCH Trainer für den Übertritt in die weiterführende Schule – Bestell-Nr. 12 658

Lösungen

11 Les jours de la semaine/La date/L'heure

Seite 53:

(6) En France, on fête **Noël** le 25 décembre.

(1) Le jour de l'an est le 1er janvier. C'est le **premier** jour de l'année.

(3) Le 21 juin, il y a la **Fête** de la Musique dans beaucoup de villes en France.

(5) On fête la Saint Nicolas le **6 décembre**. Saint Nicolas donne des cadeaux aux enfants sages.

(2) La Fête de Pâques est au **printemps**. À Pâques, les enfants partent à la chasse des œufs.

(4) La Fête Nationale en **France** est le 14 juillet.

(7) Le Saint Sylvestre est fêté le 31 décembre. C'est le **dernier** jour de l'année.

Seite 54:

1

a)

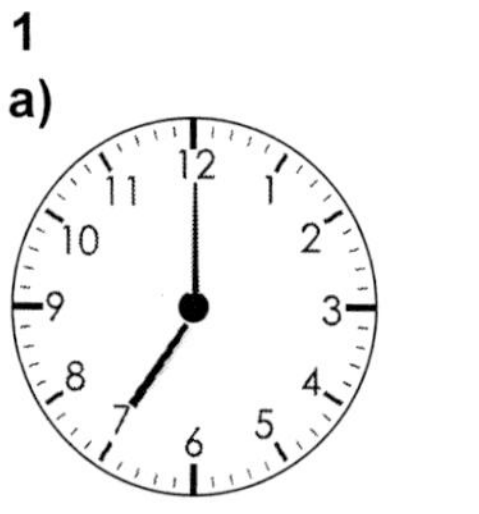

b)

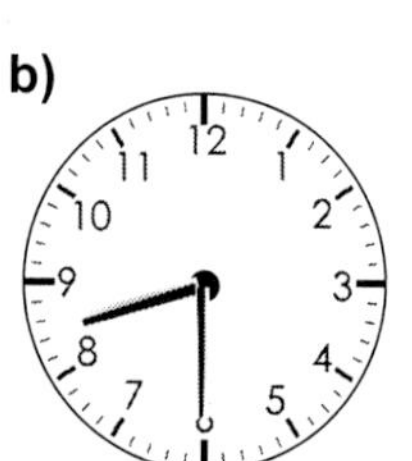

c)

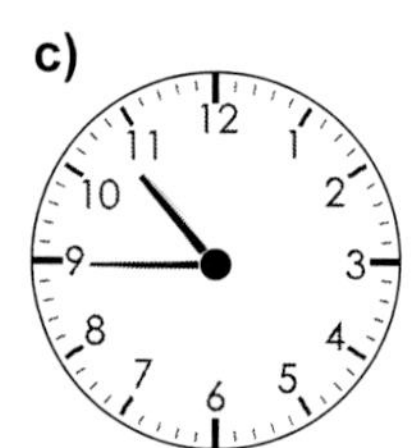

d)

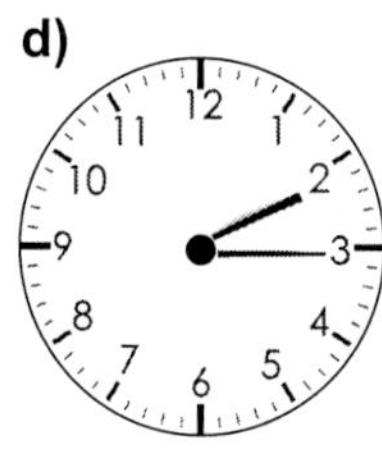

a) Il est sept heures. b) Il est huit heures et demie.
c) Il est onze heures moins le quart. d) Il est deux heures et quart.

2

a)

Il est neuf heures et demie.

b)

Il est trois heures moins le quart.

c)

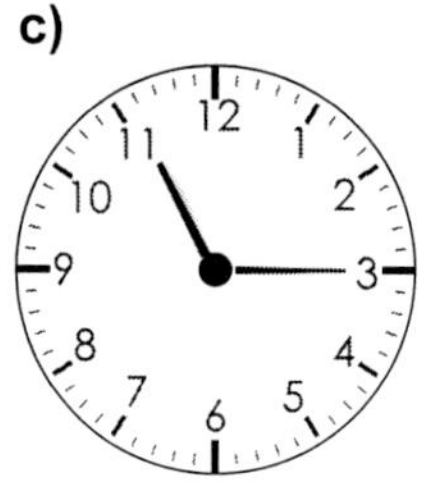

Il est onze heures et quart.

d)

Il est midi.

Fit für Klasse Fünf! - FRANZÖSISCH
Trainer für den Übertritt in die weiterführende Schule – Bestell-Nr. 12 658
KOHL VERLAG

Lösungen

11 Les jours de la semaine/La date/L'heure

Seite 54: **3**

10 **dix**
20 **vingt**
40 **quarante**
30 **trente**
60 **soixante**
90 **quatre-vingt-dix**
80 **quatre-vingt**
70 **soixante-dix**
100 **cent**
50 **cinquante**

11 Le corps

Seite 55:

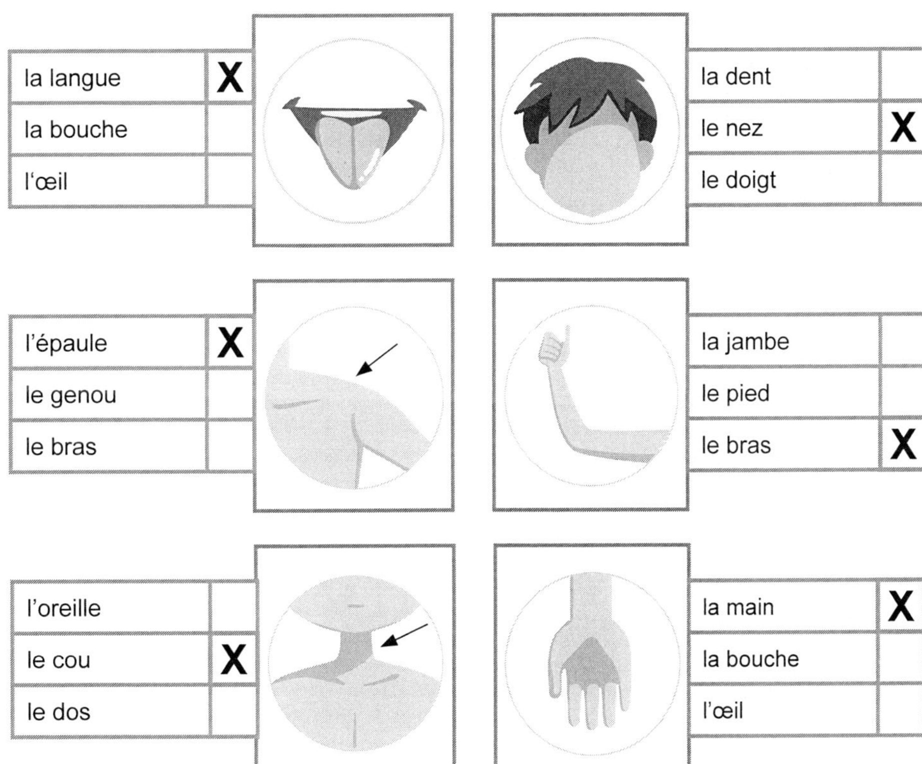

Fit für Klasse Fünf! - FRANZÖSISCH
Trainer für den Übertritt in die weiterführende Schule – Bestell-Nr. 12 658
KOHL VERLAG

Lösungen

12 Le corps

Seite 56:

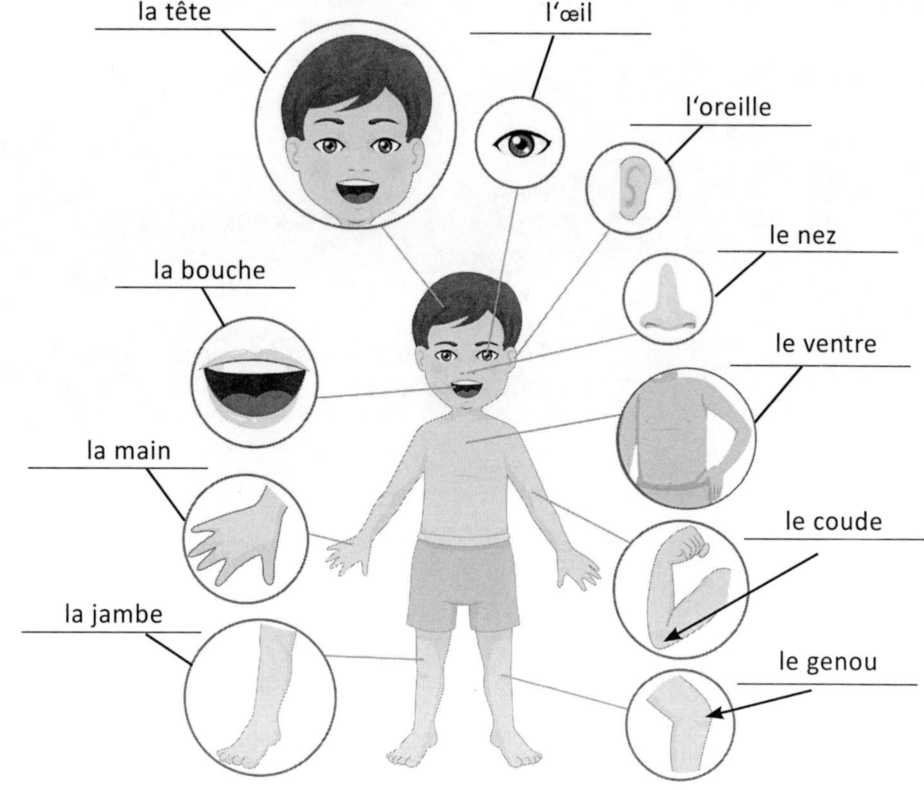

Seite 57: Le garçon s'appelle **RAOUL**.

Seite 58: individuelle Lösungen

13 À savoir sur la France

Seite 59:

Fit für Klasse Fünf! - FRANZÖSISCH
Trainer für den Übertritt in die weiterführende Schule – Bestell-Nr. 12 658
KOHL VERLAG

13 À savoir sur la France

Seite 60:

1. Les sports populaires en France sont le football, le tennis, le basketball ou le rugby.
2. Les Français payent en euro.
3. Le *Tour de France* est la course cycliste connue dans tout le monde.
4. Le tableau célèbre *La Joconde* se trouve au *Louvre*. C'est un grand musée à Paris.
5. En France, il y beaucoup de belles plages.

Seite 61:

Capitale: Paris

Symbole(s) de la France (*zeichnen*): z.B. la Tour Eiffel, l'Arc de Triomphe, le Louvre *etc. (+ individuelle Ergänzungen)*

Sports: le Tour de France, le football, le rugby, le tennis, le basketball

Tableau célèbre: La Joconde

La mode: Paris est la capitale de la mode. Il y a beaucoup de couturiers et de défilés de mode.

Ce que les Français aiment manger: la baguette, le fromage, les croissants

KOHL VERLAG Fit für Klasse Fünf! - FRANZÖSISCH Trainer für den Übertritt in die weiterführende Schule – Bestell-Nr. 12 658

Bildquellen

© AdobeStock.com:

S. 4: josepperianes,
S. 5: Volha Hlinskaya (2x), klesign, Lucie (2x);
S. 6: millaf, grafikplusfoto, anja Jacob, Jasmin Merdan;
S. 7: millaf, grafikplusfoto, anja Jacob, Jasmin Merdan, La Gorda, martialred, stas111 (bearb.);
S. 8: kristina rütten, mariesacher, naty_lee (bearb.), Svitlana (bearb.), Cienpies Design;
S. 9: Sonulkaster (bearb.);
S. 10: SVETLANA, a7880ss, biscotto87, setory;
S. 11: tigatelu, stas111 (bearb.);
S. 12: warmworld, pdesign, SVETLANA, biscotto87, klesign, rms164, J.J.Brown;
S. 13: stas111 (bearb.), Ultimaiulia (4x), Janis Abolins, ilyakalinin;
S. 14: artinspiring, GraphicsRF (2x), topvectors (2x), FoxyImage, bsd studio, klesign;
S. 15: pololia, streptococcus, stas111 (bearb.,), sawitreelyaon, Ana Blazic Pavlovic, blueringmedia;
S. 16: wckiw, shock, Krakenimages.com, deagreez, paninastock, WavebreakmediaMicro;
S. 17: SergiyN, auremar, goodluz;
S. 18: Anatoliy Karlyuk, streptococcus, UZUMBA, Miljan Živković, blueringmedia, StockImageFactory, traveview, MW Photography, julialine802;
S. 19: GraphicsRF, ふわぷか, macrovector, Emil, mashot, Anya, Bahauaddinbek, shub13;
S. 20: dream@do, shub13, kravik93, dzm1try (bearb.), Sergey Novikov, leokawalli, Studio GDB, M-KOS, Slamet Mulyadi;
S. 21: Gelpi (2x);
S. 22/23: elena_garder, ふわぷか;
S. 24/25: sashazerg (2x);
S. 26: benchart (bearb.), ylivdesign, Good Studio (bearb.);
S. 27: benchart (bearb.), ylivdesign, Good Studio (bearb.), kotjarko, cosmic_pony (bearb.);
S. 28: Engel73, alxyzt (2x), andrew_rybalko (2x);
S. 29: Jan Engel;
S. 30: Rudie;
S. 31: ecco (bearb.), marijaobradovic, Anton, blueringmedia;
S. 32: backup_studio (bearb.) 2x;
S. 33: Hein Nouwens, nataka, 5D Media;
S. 34: Татьяна Панькова, nataka, Dejan Jovanovic, Ansty Art;
S. 35: nataka, Valerii Honcharuk, Valua Vitaly, Anatoliy Karlyuk, Anton (bearb.), Sergey + Marina, ecco, Cookie Studio;
S. 36/37: nataka, Dejan Jovanovic, Татьяна Панькова, Good Studio, bestsellerua, КРИСТИНА Игумнова;
S. 37: Hein Nouwens, iKap (bearb.);
S. 38: artinspiring (bearb.);
S. 39: Visual Generation, artinspiring, mayalis (bearb.), realstockvector, Comauthor (bearb.);
S. 40: Aurielaki (bearb.) 2x, iKap (bearb.);
S. 41: stockphoto-graf, marishayu, yusak_p, Jemastock, Good Job, anatolir;
S. 42/43: kotoffei, zelimirzarkovic;
S. 44: freebird, kotoffei, tigatelu, dstarky, MH, Татьяна Панькова, ArtVisionStudio, zelimirzarkovic (bearb.);
S. 45: He2, elimirzarkovic (bearb.);
S. 46: Elena (bearb.), yusufdemirirci;
S. 48: annanahabed, curto, TheVisualsYouNeed, Studio GDB;
S. 49: creadorimatges (bearb.), iKap (bearb.), kharlamova, Sergey Novikov, Microstocker.Pro, alphaspirit, VIAR PRO studio;
S. 50: Ihor (bearb.);
S. 51: sudowoodo;
S. 52: iKap (bearb.), Marina Zlochin, Tartila;
S. 53: scapster, tabitazn, Gstudio (bearb.), Felix Jork, 307391969, M.studio, Iryna Danyliuk;
S. 54: Evgeniy Zimin, avian;
S. 55: ann131313.a, Anongnart;
S. 56/57: BNP Design Studio;
S. 58: iKap (bearb.), Colorfuel Studio, Irina Strelnikova;
S. 59: nataliya_rodenko, naty_lee (bearb.), artispiring, VRD;
S. 60: ilyaf, rosifan19, savanno, Mimi Potter, topvectors;
S. 61: aleksangel;
S. 62: Volha Hlinskaya (2x), klesign, Lucie (2x), millaf, grafikplusfoto, anja Jacob, Jasmin Merdan;
S. 63: stas111 (bearb.), Sonulkaster (bearb.);
S. 64: Sonulkaster (bearb.), SVETLANA, a7880ss, biscotto87, setory;
S. 65: stas111 (bearb.), artinspiring, GraphicsRF (2x), topvectors (2x), FoxyImage, bsd studio, klesign;
S. 66: wckiw, shock, Krakenimages.com, deagreez, paninastock, WavebreakmediaMicro, SergiyN, auremar, goodluz;
S. 67: Anatoliy Karlyuk, streptococcus, UZUMBA, Miljan Živković, blueringmedia, StockImageFactory, traveview, MW Photography, julialine802;
S. 68: GraphicsRF, ふわぷか, macrovector, Emil, mashot, Anya, Bahauaddinbek, shub13;
S. 69: sashazerg (2x);
S. 70: sashazerg (2x), benchart (bearb.), ylivdesign, Good Studio (bearb.);
S. 71: benchart (bearb.), ylivdesign, Good Studio (bearb.), kotjarko, cosmic_pony (bearb.), Jan Engel;
S. 72: ecco (bearb.), marijaobradovic, Anton, Hein Nouwens;
S. 73: Hein Nouwens, nataka, 5D Media, Татьяна Панькова, nataka, Dejan Jovanovic, Ansty Art;
S. 74: nataka, Valerii Honcharuk, Valua Vitaly, Anatoliy Karlyuk, Anton (bearb.), Sergey + Marina, ecco, Cookie Studio, Hein Nouwens, iKap (bearb.);
S. 75: artinspiring (bearb.);
S. 76: kotoffei, zelimirzarkovic;
S. 77: kotoffei, zelimirzarkovic, He2, elimirzarkovic (bearb.);
S. 78: Elena (bearb.), annanahabed, curto, TheVisualsYouNeed, Studio GDB;
S. 79: sudowoodo;
S. 80: scapster, tabitazn, Gstudio (bearb.), Felix Jork, 307391969, M.studio, Iryna Danyliuk, Evgeniy Zimin
S. 81: avian, ann131313.a, Anongnart;
S. 82: BNP Design Studio, nataliya_rodenko, naty_lee (bearb.), artispiring, VRD;
S. 83: ilyaf, rosifan19, savanno, Mimi Potter, topvectors;

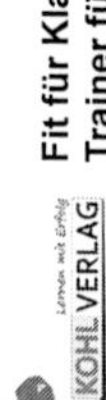